人は仕事で磨かれる

丹羽宇一郎
Niwa Uichiro

文藝春秋

人は仕事で磨かれる＊目　次

第二部　決断する力を養う　113

人は仕事で磨かれる

装丁　石崎健太郎
カバー写真　山田高央
書き文字　丹羽宇一郎
構成　笹幸恵
DTP　樹花舎

第一部　四つの大いなる決断

●第一部章扉写真解説

第一章　2004 年 4 月 2 日、貿易記者会において「固定資産の減損会計早期適用」を発表する丹羽社長。左は経理部長の梅野執行役員。（提供・伊藤忠広報部）

第二章　伊藤忠は早くから中国市場に着目してきた。写真は 1980 年代、瀋陽にて。右から三人目が著者。（提供・著者）

第三章　室伏稔、筒井雄一郎の両氏は著者にとって、尊敬する得がたき先輩であり、またよき飲み友達でもあった。1986 年、東南アジアにて。中央が著者、その左隣が室伏氏、右隣が筒井氏。（提供・著者）

第四章　伊藤忠の全社員総会で発言する丹羽社長。「シンプルでわかりやすく、心に残る言葉遣いをいつも心がけた」というが、内容は深い。（提供・伊藤忠広報部）

第一章
掃除屋

●「掃除屋」としての最後の仕事

二〇〇四年四月二日、伊藤忠商事は、二〇〇四年三月期の連結決算で三百二十億円の赤字を計上する記者発表を行いました。二〇〇五年度から適用される日本会計基準における「固定資産の減損会計*」を早期適用した結果です。これが、社長としての私の最後の大仕事となりました。

減損会計の早期適用は、言うまでもなく、資産の健全化を図ることが目的です。また、前期（二〇〇三年三月期）は二百一億円の黒字で収益力も向上していますから、体力のあるときにこれを断行したいという思いもありました。

企業によっては、経理担当の役員が決算発表を行うことも多いようですが、私が社長に就いてから、伊藤忠ではずっと社長が発表してきました。別に決まりがあるわけではないんです。ただ、業績が悪い場合は私が引き受けると言っていたら、いつも悪くて、ずっとやる羽目になった。厳密に言うと業績がいいときもあったんですが、私の印象としては悪いときのほうがはるかに多かった。

じつを言うと、減損会計の早期適用については、社内でも賛否両論ありました。何も慌てることはない、二年ぐらいかけて徐々にやっていけばいいじゃないかというソフトランディングの意見。一九九九年の特損処理に続いて、また赤字に転落するのかという批判的な意見。しかしどちらにしても、減損会計が導入されれば損失を出すことはわかっているんだから、体力のあるうちに思い切ってやってしまったほうがいい。だから私は、「先延ばしは嫌いだ。やるからには全部やれ」と指示を出しました。

九九年の特損処理のときに市場に理解していただくことができたので、今回の評価にも自信を持っていました。銀行に説明すると「たいしたもんですね」と褒められた。前例があるのとないのとではだいぶ違うものです。

とはいえ、不安が全くなかったわけではありません。結果的に市場は思い切った処理に好感してくれましたが、こればかりは発表してみないことにはわからない。ただ、つぶれそうな状態でこれをやったら「なんでも思い切ってやれば良いってもんじゃないよ」と当然の批判を受けていたでしょうが、今期（二〇〇四年度）の決算にも自信を持っていますから、まず大丈夫だと思ったわけです。

その後、私は六月二十九日をもって社長を退きました。就任当初から自分の任期は六年だと公約していましたから、そのとおり後輩に道を譲ることにしたわけです。

今回、減損会計の早期適用をしたのは、これも理由の一つでした。いや、一番の大きな要因だったと言ってもいい。つまり新しい社長に、一点の曇りもない状態で会社を引き渡したかったんです。自分のいるうちにやらないといけないという気持ちがありました。

人には、それぞれ役割があります。企業のトップならなおさら、中興の祖とか事業拡大の立役者などといった具合に、その役割は明確にならざるを得ません。振り返ってみると、私の社長としての役割は「掃除屋」だったのではないかと思っています。

自分が退任するときぐらい、花道を美しく飾ってもよかったんじゃないか。そう思わないでもないんです。きれいな花道も、作ろうと思えば作れたかもしれません。減損会計の早期適用をせず黒字決算を行っていれば、少なくともきれいな花道を手を振りながら去ることができた。でも、そもそも私はそんなものに興味がない。やっぱり人には役目というものがあります。私の場合はさしずめ、伊藤忠にとって考えられるすべての膿を掻き出すことだった。だから減損会計の早期適用は、私の「掃除屋」としての最後の仕事だったと思っているんです。

＊日本会計基準における固定資産の減損会計…企業が保有する固定資産の収益性が低下し簿価よりも下回った場合、それに合わせて減額を計上する会計のこと。国際会計基準のベースとなっている。これにより、バブル期に投資した土地などの収益性が厳しく問われる。日本では、二〇〇五年度から強制適用される予定。

●「任期六年」の真意

もう一つ、一気に片付けてしまおうと考えたのは、私自身の性格によるところもあると思います。トップはあらゆることを決断していかなくてはなりません。減損会計にしても、社長が「ちょっと待て。これは三年かけてやろう」と言ったら、それで終わりです。「一気にやれ」と言ったら、実際に会社はそう動きます。最終的な意思決定はトップにあるんです。

この意思決定にしても、みんなの意見をまとめて最大公約数で決めるタイプと、何でも自分でバシッと決めるタイプとがあります。私の場合は後者でしょう。一刻も早く膿を出して明るく過ごしたいという気持ちが、何よりも強いんです。それも自分が社長のときにやらなきゃいけないと思っていたわけですから、いざというときになって躊躇していたら悔いが残る。

私個人がどう思われるかはあまり考えていません。周りの毀誉褒貶は気にならないタイプです。会社にとってプラスになるならそれでいいじゃないか。そうした考えが根本にあるんです。

ただ、最終意思決定をする以上、そこに責任が伴います。私が社長になれと言われたときも、嬉しいとか嬉しくないというより、まず大変だなという思いが先にありました。多くの人の人生に責任を負うことになるからです。

副社長のときは、社長に意見具申をするというところまでです。文句ばっかり言っていれば済むんです。副社長の言うとおりにして会社が間違った方向にいっても、極端な話「社長、ごめんなさいね」で済んでしまう。だけど、社長となればそうはいきません。業績が落ち込んだら、まず市場から激しく叩かれる。それだけならまだしも、会社の社員全員が路頭に迷う。その家族も巻き込む。

トップになるとはそういうことです。役職が上がるにしたがって、他人の人生の責任を負う量が増えてきます。

課長になると、課員とその家族に責任を持たなければなりません。また自分の成績が悪いと、その課すべてに影響を及ぼす。部長になると、さらにその責任が増える。本部長になったら、事業会社の社員の責任まで負うことになります。社長になったら、これまた全世界の何万人という社員全員に対する責任を背負っていかなければならないわけです。

「しんどいな」

これが、私が社長就任を打診されたときの最初の感想でした。したがって、これは長くやるもんじゃないと考えました。

大きかったのは体力的な問題です。「健全なる精神は健全なる肉体に宿る」。それと一緒で、本気になって社長職をやろうと思ったら、何より健康でなければなりません。薬を飲み続けたり病院へ通ったりなんかしていたら、一〇〇パーセント会社のことを考えることなどできないでしょう。ちょっとでも具合が悪くなったら、そっちのほうに気が向いてしまう。これではいけません。全身全霊を傾けるには、やはり体力面、健康面がしっかりしていなくてはならないわけです。

また、当時の伊藤忠にとって、社長就任は経営再建の舵取りを担うことでした。それには私利私欲を捨ててかからなければなりません。この気力や集中力も必要になります。読書をするにも何をするにも、絶えず仕事のことを考えていく必要があるわけです。そして関連会社を含めたすべての社員を引っ張っていくには、トップが情熱を持たなければなりません。私はよく「経営は論理と気合」と言うんですが、この気合の部分、つまり情熱をどこまで維持できるかということが問題になってきます。

こうしたことを総合的に考えると、私としてはだいたい六年だろうという結論が出てきました。それに社長の椅子が心地よくて、ズルズルと引き際を先延ばしするのは私のもっとも嫌うところですから、それならば公にしてしまえ、という気持ちがあったんです。

●果たされた「スキップ・ワン・ジェネレーション」

任期を公にすることは、自分の引き際を定めるのと同時に、次の社長候補を若い連中に意識させる狙いもありました。私が次期社長を「スキップ・ワン・ジェネレーション」、すなわち一世代下の年齢から選ぶと言ったのは、対外的なインパクトを考えたのではなく、社内の連中に「次はお前たちが候補だぞ」「お前たちが中心になって仕事をしろ」ということを暗黙のうちに示したかったからです。

私が社長になったときは五十九歳でした。企業社会での一世代というのは大体六年だと私は考えているのです。だから私の社長任期も六年。そこで、一世代飛ばしてその下の世代というと、当時で四十代後半になります。中堅どころの働き盛りです。すると、その世代は「次は我々だ」と思うわけです。その自覚が自ずと出てきて、彼らがもっとも働くようになる。「次は俺だ」ということで勝負するんじゃないか。そうした目論見がありました。

六年後、私が社長を辞めたときには彼らは五十代半ばです。実際、後継者として私が指名した小林栄三社長は五十五歳。まさにスキップ・ワン・ジェネレーションです。

私の経験から言えば、気力体力ともに充実していて、寝食忘れて仕事ができるのは五十五、六歳ではないかと思っているんです。ゴルフでも、サラリーマンなら一番強くなるのはその時期だ。だから、そのぐらいの年齢から経営者を数年やらせるのがベストではないかという考えがありました。

しかし一方で、もう自分は芽がないと思う人も出てきます。私の社長就任当時で言えば、五十代後半の人たちです。しかし、彼らが「もうチャンスがないんだ」と仕事の手を緩めたら、すぐに人事異動をすればいいと思っていました。最後までやり遂げることが大事です。いかなる理由があっても途中で気を抜くようであれば、そもそも経営者として相応しくない人材であったことに他なりません。

スキップ・ワン・ジェネレーション、次期社長で大幅な若返りを図るというメッセージを発したことは、成功だったと思っています。社内の一部の人に相当のヤル気を起こさせたからです。

後継者を指名するとき、この方法はかなり有効だと私は思います。つまり、ある年齢層に訴えかけるようにするということです。あんまり具体的に年齢を限定するのはよくありませんが、「次はお前たちの中から選ぶぞ」ということをメッセージとして発するのは、社内の活性化にもつながっていきます。

私の場合、「任期六年」「スキップ・ワン・ジェネレーション」と社内外に公言したことで、各方面からいろいろと言われました。しかし、あんまり思い切ったことをしたつもりはありません。熟考したというほどでもない。そんなことばかり考えていても、面白くないでしょう。社長としてどうあるべきか、社内にどう発信していけばいいか。ただそれだけのことに過ぎません。

●新社長に期待すること

後継者として指名した小林栄三社長は、経営企画担当役員でした。十一人の取締役の中で七人抜きでの社長就任ということになります。彼を指名することは、ギリギリまで誰も知らなかったんです。健康面などで何があるかわかりませんから、早いうちから誰か一人に決めてそれを周知させるのは、あまり良いことだと思いません。だから本当にギリギリまで、それこそ新しい経営陣を指名する取締役会が始まっても、誰も知る人はいませんでした。通常、人事の内容は文書でもって事前に役員全員に配付されるんですが、私は社長のところだけ空欄にしておきました。その場になって、初めて口頭で発表したんです。「私の自信作」だと万全の自信と新社長への信頼をこめて一点の曇りもなく言い切りました。

マスコミは本命を三人程取り沙汰していたようですし、社内でもそのように思っていたようです。「丹羽さんは何をするか分からないし、ひょっとしたら続投の声も強いし……」と固唾を呑んで私の言葉を待っていたと思います。本命の一人と思われていた役員は一瞬失望したかも知れませんが、全員気持ち良く賛成してくれました。

私が小林社長を指名した理由は、まず一つ、「人間力」があるからです。これは、気力、体力、知力、そして情熱といった人間としての力が強いということです。どんなに頭がよくても、たった一度の逆境でへこたれるような人はトップにはなれません。

逆に、踏んづけても、踏んづけても、そこから起き上がって激しく挑戦していく強さがあれば、もしこれが競争相手だった場合、非常に怖い。彼には、その人間力があると思っています。頭がいいかどうかはよく知りません。人間、それほど能力に差はないと私は思っていますから。決め手になったのは「人間力」と、それに彼がもっているしっかりとした倫理観です。

加えてもう一つ、彼は弱い者の立場に立てる男です。強さの中に、人間的な優しさを兼ね備えている。私はそれを儒教の精神にある「仁・義・礼・智・信」に「温」という言葉を加えて表現していますが、彼はそれがきわめて優れていると思います。

彼に期待することといえば、あとはもう少し儲けることでしょうか。いずれにしても、二十一世紀の経営者は常識と良識を磨いていかなければなりません。世間や社員、社会の常識から遅れることがあってはいけない。それには対話を繰り返していく必要があります。彼にはそれを期待しています。

さらに言えば、五感を研ぎ澄ますこと。見て聞いて、触れて得られるもの。こうした五感を統合したものが常識だと私は考えています。これからの経営の根幹はまさにそこにあるでしょう。今、社会より企業の倫理観のほうが相当遅れています。世界情勢を見渡してみれば、ブッシュ大統領にしても小泉首相にしても勉強が足りない。だから、世間や世界の大きな流れや倫理観から乖離してしまっている。独断と決断とはちがうわけで、人間はそうした世間の常識から遅れないように勉強していかなくてはなりません。経営者ならば、なおさらです。

●株主懇談会

伊藤忠では、一九九九年から株主懇談会というのを始めました。株主総会がセレモニー化していて、株主には経営陣の顔が見えないのではないかという懸念があったためです。我が社では五、六百人の株主が出席されますが、その中で質疑応答しても、緊張のあまり本当に倒れてしまう人もいるんです。だから、セレモニーはセレモニーとして終わらせ、その後の一時間を懇談会という形にしようと考えたわけです。株主総会と同じ会場で皆さんに少し待っていただいて、その間に飲み物やお菓子などを用意します。それから経営陣も壇上から下りて（壇上にいないと役員の顔が見えないので失礼ながら一段高い所に座っているのです)、皆さんと同じ目線でお話しできるようにしました。すると、株主の方も気軽に質問できるようになります。

「何であなたは社長のくせに伊藤忠の株を少ししか持っていないんだ?」とか、「スカイパーフェクTV!はあなたのところでやっているのに、なぜ阪神の試合をやらないのか」など、壇上から下りて話すと和気あいあいとした雰囲気になって、いろんな質問ができるから評判がいいんです。当然ながら「配当はどうなるのか」という質問もいただきます。伊藤忠では二〇〇四年三月期の減損会計で赤字を出しましたから、四年ぶりの無配になりました。次はどうなるのか、株主がもっとも気になるところでしょう。こうしたことも、セレモニーで緊張感のあまり倒れるという思いをせずに質問できるようになったというわけです。

私は、「今期は史上最高の配当をする予定です」と答えました。別に懇談会だからと言って適当なことを言っているわけではありません。株主総会で質問されても同じように答えたでしょう。総会でも懇談会でも、発言に責任が伴うことに差はありません。いずれにしても、懇談会は経営陣と株主の距離が近くなりますから、非常にいいことだと私は思っています。

私は今、無配の責任をとる形で、年収を一割ほどカットしているんです。周りからは「またカットか」と言われています。まあ、大なり小なり責任をとる取締役の皆さんは不満そうですけどね。奥さんにいろいろ文句を言われるんじゃないのかな。我が家の場合には、「文句言うな」で終わりです。「無配の責任をとって一割程度のカットは当たり前だ」と言うだけ。ワイフは何も言いませんよ。偉いのか無関心なのかよくわかりませんが。

だいたい、給料が一割とか二割増えたところで、そう変わったものを食べるわけではないでしょう。生活水準が極端に上がるということもない。

先日ファミリーレストランへ行ったとき、無料配布の求人情報誌があったから家へ持って帰って見たのですが、今、世間の人たちは大変です。時給でいうと、八百円とか、多くて千二百円ぐらい。月給でいうとだいたい二十万円から三十万円ぐらいです。月に五十万円というと、男性なら昼夜逆転の車の運転手です。それが一般的なんです。

そりゃあ誰だって少ないより多いほうがいいに決まっています。でも、長い人生、まあそんなに長くないかもしれないけど、どっちにしても少しぐらい減ったとか増えたで大騒ぎするな、と自分自身に言い聞かせているんです。

●社長を辞めたらタダの小父さん

自分の人生なんてたかが知れている。社長を辞めたらタダの小父さんだ。格好つけたってしょうがない。それが私の哲学です。

社長の椅子に座って、立派なこと言って勲章もらったりしても、何の意味があるのかと思う。会社を辞めて爺さんになって、その辺をヨボヨボ歩いていたら、みんな一緒じゃないですか。周りからそんなに偉い人だと思われたければ、背中に名札かなんか貼って「ナントカ会社の社長」と書いて歩いたらどうだと私はよく言うんです。それに、みんなが偉い人だと思って一万円ずつくれるというなら話は別ですが、そんなこともまずないでしょう。本当に何かいいことがあるんだろうか。甚だ疑問です。

だから、私は偉いとも思われたくないし、かえってそう思われるのも迷惑です。今でも私は電車通勤を続けているし、長いことカローラに乗っていますが、周りからは「社長のくせに」と言われる。しかも社長を退いた後だって、「あの人、伊藤忠の社長だったわりには何かショボクレてるよな」とか「こんなところで酒飲んでるぜ」とかきっと言われたりするんです。余計なお世話です。社長になったって全くいいことないですよ、と私は思っているのですから。

六年経ったらタダの小父さん。そうなることがわかっていますから、最初からタダの小父さんの生活を続けないとまずい。贅沢な生活をしても、任期が終わったらその生活をやめなくてはいけないわけです。一度生活水準を上げてそれに慣れてしまうと、今度は下がるときに苦痛でしょう。だからワイフにも「多少は給料が増えるが、それで生活水準を上げるな」と言いました。何も金粉をふりかけてご飯を食べたっておいしくも何ともない。味噌汁にしても、高級な味噌を使ったってそんなに味が変わるとは思えない。牛肉は少し高いのがおいしいかもしれませんが、私はほとんど食べません。魚介類にしても、安い白身の魚は好きだけど、エビとかウニとか、高級なのはみんな嫌いです。だからわざわざ食費を上げる必要もない。

別に安いからどうというのではなく、野菜とか豆腐とか納豆、好きなものはみんな安いというだけの話なんです。だから高級料亭などに招待されると、食べるものがなくて困ってしまう。それで以前、「冷奴ないの?」と店の人に聞いたことがあるんです。「あります」と言って出してくれたのが、金粉がかかった冷奴。普通の飲み屋なら、高くても三百円くらいでしょう。それを出したら高級料亭じゃなくなっちゃうから、金粉を貼って二千円くらいにしたんじゃないでしょうか。

そんな具合だから、社長になったからといって特別に偉いとも思わないし、自分の生活をどうにかしようという気もありません。家なんて雨露凌げればそれでいいし、車も走ればそれでいいと思っているのです。カローラのどこが悪い。そんなにピカピカしたのに乗りたければ、車体に金粉振りかけたらどうなんだ、と思います。

そもそも黒塗りの車で送り迎えなんていう生活をしていたら、世間の常識からどんどんずれてしまいます。私はそのほうが怖い。もちろん、満員電車で突かれたり雨傘で冷たい思いをするのは誰だって腹も立つし、不愉快です。運転手つきの車のほうが居心地はいいでしょう。でも社員はみんな満員電車に揺られて通勤しているんです。その目線からずれてはいけない。だから、社長が電車通勤しているからといってマスコミに騒がれるのは、こちらからしてみれば「放っておいてくれ」と言いたいぐらいです。

新聞には、会社のことがあるからあちこちに顔が出ます。だけどそれを見ている人もごく一部に過ぎません。その顔をいつまでも覚えている人はまずいないでしょう。道で会ったってわかりはしないんです。私だって、新聞に顔が出ているからといってその人の顔をずっと覚えているなんていうことはまずない。だから、自分が思うほど周りは誰も私を意識していないし、偉いとも思っていないんです。

●一年後、代表権を返上する

いろんなことを言う人がいますが、言いたければ言えばいい。そう思いたければ思えばいい。

私のこうした考えは、もう昔からです。性分でしょう。

たとえば、シャツのボタンがはずれていようと、ズボンのチャックが開いていようと余程でない限り、そんなもの、誰もいちいち見ていやしません。自分が「しまった」と思う程度です。だいぶ昔の話になりますが、ニューヨークに駐在する前、私は大宮に住んでいました。ここが当時はひどい田舎で、雨が降ると田んぼと道路に水が溢れて、どこが道だかわからなくなるようなところだったんです。道の脇には草が生えているから、その草の間を通って会社に行く。長靴を履かないと通れません。しかし当時でも、長靴を履いて出勤する人はそう多くありませんでした。

革靴を別に持っていくなんて面倒なこともしませんから、長靴を履いたそのままの格好で仕事するんです。さすがに一計を案じて、会社にいるときはズボンの裾を長靴の外に出すようにしました。ビジネス・シューズとしてはおかしい。でも、たいしたことではありません。人は一瞥して、「何か変な靴だな」と思うだけです。そんなもの、自分が気にするかどうかだけの話なんです。

ニューヨークに行ってからも、相変わらずそんな調子でした。私は床屋に行くのが嫌いなんです。仕上がりがビシッと決まるのがイヤで、髪はずっとワイフにバリカンで刈ってもらっていました。それ以来、もう三十年近くになりますが、最初は慣れていないから刈り過ぎてしまって、後頭部にまるでハゲみたいな刈り込みができるんです。でも、後ろだから本人は見えない。ワイフもハゲを作ったことを言わない。そのまま出社したら、私の後ろの席に座っていた部長がポツリと「丹羽君、きみ、変わった床屋へ行っているね」と言いました。部長もハゲができているなんて言わないから、私は最後まで全然気付かない。

それからは、「ハゲを作ったときは作ったと言え」とワイフに言っているんです。ハゲがあるとわかっていれば、墨を塗って会社へ行くなど、やりくりの方法もある。実際に、墨を塗って出勤したこともありました。遠くから見ればわかりません。部長はともかく、どこかの誰かが私の頭をずっと見ることもないでしょうし、仮に「変わった髪型だ」と思われたところで、一向に構いません。

そういう性格だから、社長になってマスコミからいろいろ言われても、あまり気になりませんでした。六年で辞めると言ったって、中には「そんなもの、口先だけで実際にやりはしない」という人も多かったようですが、一切無視していました。六年後になってみればわかると考えていたからです。

現在、私は代表取締役会長です。しかし社長退任から一年後、つまり二〇〇五年六月には特別なことがない限り代表権を返上します。もう社長ではないにもかかわらず、会議などに出るとそれだけで周りに緊張感が走りますから、否が応でも影響力を及ぼすようになってしまう。これはもうスパッと辞めるべきだと思っています。二頭政治を行うつもりはありません。消えるだけですから、簡単なことです。

七十歳くらいまでは、なんだかんだと内外の仕事が続くと思いますが、それが過ぎたら一線からは完全に引退すると自分で決めているんです。そうなったら、辺りをヨボヨボ歩くタダの小父さんだ。それでいいじゃないかと思っています。

第二章 新領野の開拓

●ディビジョン・カンパニー制の導入

六年間の社長時代、私はさまざまな改革を打ち出しました。再建計画の一環として行ったものもあります。また、私自身の考えで行動に移したものもあります。いずれにしても、それらは社長になる以前から下地づくりを行っていたものがほとんどです。

室伏稔さんが社長に就任した一九九〇年、私は業務部長でした。その二年後に取締役、さらに二年後の九四年には常務取締役、この頃から経営の中枢に加わるようになっていきました。さまざまな改革の背景には、常務になってからの数年間が伏線としてあるわけです。

私が推進者として行った大きな変革のうちの一つが、ディビジョン・カンパニー制の導入でした。これは九七年、私が副社長のときです。

当時、伊藤忠では持ち株会社化を検討していました。というのも、繊維や機械といった各部門の権限と責任が不明確で、ドンブリ勘定に近い状態になっていたからです。儲けた部門と損した部門の給料が同じ。これではいけないという話になっていました。その経過措置として導入されたのが、ディビジョン・カンパニー制です。

各部門は、給料や人事制度など、それぞれの分野に適した組織形態があります。これらを伊藤忠本社の一律の決まりにとらわれず柔軟に変えていこうというのが、そもそもの発想です。また、当初は十年後を目途に持ち株会社へ移行することを考えていましたが、私が社長になったとき、現行制度、つまりディビジョン・カンパニーのほうがいいという結論を出しました。経過措置としての制度でしたが、これを最終形としたわけです。

商社も大企業となりますと、意思決定がきわめて遅い。何をやるにしても、腰の重い戦車のようでハンドルがなかなか切れません。最終決定までにいくつもの段階を経る必要があって、人は多いし金はかかるし、時間もかかる。それらを解決するには、ディビジョン・カンパニー制にして責任者を置き、それぞれに決定権を委譲していくのが一番いいと考えました。中小企業のような小回りがきき、意思決定が非常にスピーディーになります。

しかし、欠陥もあります。ディビジョン・カンパニーのそれぞれの権限と責任をあまり強化すると、今度はマスのメリットが得られなくなる。同時に繊維は繊維だけ、機械は機械だけといった具合に、ファイアウォール（業務隔壁）ができ、中小企業の寄り合い所帯になりかねません。すると、資金の調達も人材の育成も、中小企業と同水準になってしまいます。これでは、大企業としての総合力を生かすことができません。持ち株会社にしたら、なおさらでしょう。これはもう完全に別会社となりますから、人材交流も資金調達も個別に行わなければなりません。お互いに敷居が高くなり、伊藤忠としての本来の総合力を発揮することができなくなるというわけです。

したがって、持ち株会社化ではなく、ディビジョン・カンパニー制を維持していこうと考えました。つまり人材の採用・養成と資金調達では大企業としての総合力を用い、一方で各ディビジョンは中小企業並みのスピードある意思決定を行う。この二つのメリットを兼ね備えた組織形態はディビジョン・カンパニーしかありません。私は、これが総合商社にとってもっとも適していると確信したんです。

現在では、ディビジョン・カンパニー制の弱点を補うために、毎週月曜日、二時間半から三時間ほどディビジョン・カンパニーの全トップが集まってミーティングを開いています。これには海外現地法人の数人のトップも電話で参加します。日本の朝九時は欧州の夜中だから、欧州の連中にはちょっとかわいそうなんです。毎週、夜遅くまで起きていなければなりません。面倒臭いと思って酒飲んで酔っぱらいながら話したりすると、「良《い》い加減なことを言うな」と怒られるだろうから、しんどいと思います。まあ、でも週に一回だから我慢してもらっています。

●スペシャリストはゼネラリストになれる

マスのメリットは、人と金です。とくに人材の採用については、ディビジョン・カンパニー制ならではの方式をとっています。各ディビジョン・カンパニーが欲しい人材については、それぞれ個別に採用を行っています。たとえば、新卒の採用については各ディビジョン・カンパニーが五〇パーセントを採用し、残りの五〇パーセントは会社全体として採用、各ディビジョン・カンパニーや管理部門に配置していくといった具合です。

会社全体で採用して、本人の希望に関係なく繊維なら繊維、機械なら機械へ行けと辞令を出すのではなく、最初からどうしても繊維に入りたいという人は、繊維カンパニーの採用を受けるという仕組みです。そのほうが、各ディビジョン・カンパニーにとってはヤル気のある人材を採用できます。しかし、採用枠のすべてをディビジョン・カンパニーで決めるとなると、前述したようにマスのメリットが奪われていきますから、半々にしているんです。

もっとも、こうした方法は、時代の潮流を反映する側面もあります。全産業のうち、機械が儲かっているときは機械カンパニーに人が集まってくる。ITが儲かっているときは宇宙・情報・マルチメディアカンパニーの人気が出てくるという具合です。

しかしながら、優秀な人材がどこかのディビジョン・カンパニーだけに集中し、人材に大きな差が出てくるということはありません。

それは会社全体として採用した人間を、各ディビジョン・カンパニーに振り分けるからというのも理由の一つとしてあるでしょう。ただそれ以前に、私は人間の能力にそれほどたいした差がないと思っているんです。彼らは筆記試験を通過した後、数十倍以上の競争を勝ち抜いてきていますが、残った人と落ちた人の差は紙一重です。勝ち残った彼らが突出した能力を備えているわけではないんです。これは五百倍であろうが千倍であろうが、同じことです。したがって、どのディビジョン・カンパニーに人気が集中しても、そのことだけで能力に偏りが出てくるものではありません。

だいたい能力云々と言ったって、大学四年間ですべてを決めること自体がおかしい。その十倍、これから四十年くらい社会人としての生活を送るというのに、なぜ四年で、優秀かどうかなんて決められるのか。四年間遊んだからといって、人生、永遠にだめなのか。そんなことはありません。

これは官僚制度の最悪の欠陥でしょう。入った時点で出口が見えるという人生観を持たされることになります。

しかし企業はそうではありません。入ったときより、その後のほうがよほど大事です。おおむね入社して十年が勝負ではないかと私は思います。だから少なくとも、三十四、五歳まではみんな等しくチャンスがあるという形にしないといけない。卒業した大学がどこかなんて、今は誰も言いません。

それはともかく、能力に差がないのであれば、繊維や機械、ＩＴなど、そこで働きたいという意欲のある人を各ディビジョン・カンパニーで採用したほうが組織も活性化されるし、個々人の能力が伸びる可能性があるというものです。

また、各ディビジョン・カンパニーの採用枠で入社した人は永久にそこから出ないのかというと、そうではありません。あるレベルにまで来れば、私が食料畑を歩いて、その後、本社の管理部門に入ったように、伊藤忠全体の経営の中枢を担うこともあるわけです。

限られた分野の仕事をしていた人間に、いきなり経営全般をやらせるのは難しいのではないかと言う人もいます。しかし私は決してそうは思わない。一芸に秀でているもの、つまり一つの業界でプロフェッショナルになる能力を持った人は、本社の管理部門に来ても他の業界のことを掌握できるんです。全部の業界を網羅しないと総合商社の社長になれないのだとしたら、誰もできません。十年ずつ各分野の仕事をしたって、七つも八つも業種があったらとっくに引退時期を過ぎている。五年に縮めても同じです。とても追いつきません。しかし、一つの仕事を極めれば、だいたい仕事のやり方というのはそう大きく間違えることはないんです。スペシャリストこそ優秀なゼネラリストになれるというのが、私の基本的な考えです。

そもそも経営というのは、実務を行うこととは異質なものです。どうやってお金を儲けるかということより、もっと大切なポイントがある。それは、経営管理、すなわち人を動かす力や、組織を改革する力といったものです。こうした能力が備わってこそ、経営のプロフェッショナルなんです。お金の調達や商品の販促を考える、そういうことと一緒にしてもらっては困る。ただ、これらに力を発揮した人が管理部門へ来れば、商売のいろいろな問題点がわかります。会社に応じた与信だとか顧客の創出といったものは、その分野のプロフェッショナルであれば、あらゆる業界に通用していくものだと思っています。

●ナンバーワンの企業集団を作れ

ディビジョン・カンパニー制を導入した当初、私は社員に「各々の体に合った洋服を着ましょう」と説明しました。これまで、伊藤忠という会社としての寸法が決まっていて、繊維部門でも機械部門でも、はたまたエネルギー部門でもみんな同じ洋服を着せていたんです。しかし、業界によって背の高さも体格も違う。ある部門はブカブカの状態、ある部門は丈が足りない状態になっていたわけです。昔の日本軍は体を軍服に合わせろと言っていましたが、企業はそうではありません。

だから、各々の体に合った洋服を着ること、これがディビジョン・カンパニー制なんです。つまり、各部門はその業界に適した人事制度や給与、勤務時間があるわけです。それらの特色を柔軟に取り入れていくということです。

繊維と機械が同じ給料ということはありません。また、お客さんの与信限度が繊維の場合は一千万円でも機械でそれはあり得ない。何億、何十億の世界です。これが部長の裁量で決定する場合、今まではたとえば一億円というふうに決まった洋服がありました。しかし、業界の特徴や規模によって金額の多寡が異なるわけですから、当然、部長の権限内で扱える金額も業界ごとに変わってこなくてはいけない。すると、こちらのディビジョン・カンパニーでは、部長の責任で行う与信限度が五十億円、あちらのディビジョン・カンパニーの部長の場合は五千万円といったようになるわけです。

もちろん金額が多いから偉いということではありません。数千万円の取引が普通の業界と、億単位の金が動く業界があるわけです。部長という立場で与えられる権限も、業界によって異なるのは自然なことです。

大企業、とくに総合商社はさまざまな分野に進出しているにもかかわらず、こうした歪みにメスを入れてきませんでした。会社全体として決めた組織形態を、業界特性を一切考慮に入れず、何十年と続けていたわけです。機械では、部長が一億円の与信限度の責任を負うといったところで何にもできません。一方、繊維で一億円というと、部長は大きな権限を手中に収めることになる。これは問題でしょう。だから、各々の洋服に合ったものを着る必要があるんです。

さらに経営方針として、業界ごとの企業集団を作れと私は言っています。これまで、総合商社はモノを右から左に動かして口銭ベースの商売をしていると言われてきましたが、そんな時代はもう終わりました。我々はディビジョン・カンパニーごとの企業集団をつくり、その集団は各業界でナンバーワンの純利益を挙げることを目指しています。たとえば、繊維業界であれば、そこでナンバーワンの企業集団を目指し、東レや帝人、ワコールやオンワード樫山に負けない純利益を上げる。これは食料にしてもエネルギーにしても同じです。ディビジョン・カンパニーごとの日本一の企業集団をつくるのが伊藤忠の狙い。もはや総合商社という呼び方はしっくりこない。戦略的企業集団と私は位置づけています。

しかし、最終的に目指すところは日本という国でのナンバーワンにとどまらず、グローバルに展開する企業集団です。各ディビジョン・カンパニーの事業本部は日本である必要はありません。今後、お客様の多いところが本部になると考えています。すでに羊毛の本部はオーストラリアにありますし、香港には繊維原料の三国取引の拠点があります。つまり各事業の市場特性にあわせて、それに相応しい場所に拠点を移すということです。

しかし日本人の会社ですから、税金は日本に納めるべきでしょう。ディビジョン・カンパニーなら、本部がどこにあろうと利益は全部総本社に集約されます。だから総本社は日本に置く。そして二、三百名の社員でいいと思います。

総本社も、今後ITが進み、インフラが整備されていれば国内のどこでもいいと考えています。もし富士山麓だというならそこでも一向に構いません。その代わり、交通の便やヘリコプターなどの離発着路といったインフラは不可欠です。

今後ITがどのように変化するかわかりませんが、テレビ電話での会議などは実際にやってみても今ひとつというところがあります。顔を見ながら話してはいるんですが、やはりフェイス・トゥー・フェイスならではの機微が伝わらない。隔靴掻痒《かっかそうよう》の感があります。だから、総本社の社長がヘリコプターに乗って本部を巡回するということがあってもいいんじゃないかと思っているんです。「バカヤローッ」と言うのは、やっぱり直にやったほうが効果もあるでしょう。テレビに向かって言っても、怒られているほうは「なーに言ってやがんだ」と思う程度で実感がわかない。したがって、社長の行くところが総本社だと思えばいいわけです。

もちろん、ＩＴの発達には期待しています。インフラとＩＴという条件が整わないと、いくら口ではグローバルな企業集団と言ったって、有効に機能することはできません。

しかも、私は役員のうち半分は外国人と女性にしたいと考えています。これについては後述しますが、そうなるとさらに相互理解が難しくなってきます。したがって、世界各国に共通のコーポレートブランドやコンプライアンス（法令遵守）の重要性が増してくる。そのためには、やはりインフラとＩＴ環境の整備が不可欠でしょう。

いずれにしても、私はこうしたことをディビジョン・カンパニーの目指すべき未来像として考えているんです。

●過去最大の投資、ファミリーマート

もう一つ、私が副社長時代に手掛けたものに、ファミリーマート株式の取得があります。もともと私が業務部長時代の九〇年代前半にはファミリーマートという会社に目をつけ、わずかな株を持って人を派遣していました。少しずつ株を買っていこうというのが、当時の食料部門の戦略だったんです。また、当時のファミリーマートの筆頭株主であるセゾングループがリストラを行うという話も出てきていましたから、そこに照準を合わせ、いつどのように株式を取得するか、チームをつくってシミュレーションさせていたわけです。

この話が表に出たとき、世間では突然、降って湧いたかのような買収劇だと思ったようですが、そんなことはありません。しばらく前から用意周到に準備をしていたんです。もっとも、我々が考えていた予定よりセゾングループの売却が少し早かったことは事実です。

契約が決まったときのことは、今でも忘れません。九七年の年末、私が社長になる数ヵ月前です。池袋のサンシャインビルへ交渉に行きました。相手は西武を立て直した立派な経営者で私の尊敬する和田繁明さん（西武百貨店元会長）です。買収額が合意に至らず、にらみ合いが続きました。向こうはより高く売りたいと考えていますし、こちらは提示した額をビタ一文上げるつもりはありません。お互いに腕を組んだままで、一言もしゃべらず時間ばかりが過ぎます。

絶対に動くもんかと思っていました。和田さんがこの状態で一時間我慢するなら、私は一時間半我慢する。相撲の水入りのときと同じで、絶対に動かない。辛抱しきれずに動いたほうが負けだと思ってました。これは、ビジネスで決着をつけるときの一つの要諦だと私は思います。

すると、しばらくして和田さんが動いた。「ちょっと失礼する」と言って席をはずされたんです。私の勝手な想像ですが、たぶん堤清二さん（セゾングループ前オーナー）と電話で相談されていたのではないかと思います。

このとき、「いけるかな」と思いました。こちらが提示する千三百五十億円という金額で、ファミリーマート株を取得*することに成功したわけです。伊藤忠始まって以来の、大きな投資になりました。

しかし当時の伊藤忠ではセブン‐イレブンとの取引額が大きく、これまでの関係を反故にするのではないかという見方もありました。ただし、事前にこの投資についてはセブン‐イレブンにも話してありましたし、競争するといった意味ではないことを理解してもらっていたんです。

もう、商社が今までのように口銭ベースで仕事をする時代は終わりました。利益の根源に迫る。私はずっとそう言い続けています。よそ様に遠慮してこの根源に迫っていかないなら、伊藤忠が傾いたときに一体誰が面倒を見てくれるのか。よその会社は見てくれません。したがって、決してセブン‐イレブンに弓を引くということではなく、我々は我々の立場として、収益の源を確保しておく必要がある。そう考えたわけです。

＊ファミリーマート株式取得…一九九八年二月、西友とその関連会社が保有するファミリーマート株式のうち二千八百六十二万株を千三百五十億円で買収。伊藤忠グループとして持ち株比率が三〇・六パーセント、筆頭株主となった。

●CVS買収の意義

コンビニエンスストアに着目し、食料部門での戦略の一つとしてこれを捉えるようになったのは、バブル崩壊後、不良債権を抱えて商社が儲からなくなってきた頃からです。もうモノを右から左に動かして利益を得る時代は終わったのではないか。もっと新しいビジネスを開発していかないと、商社の未来はないのではないか。そう考えるようになり、株式を取得し始めたわけです。

この頃、コンビニエンスストアというのは破竹の勢いでした。そしてさらに伸びる可能性がある。当時、日本全国にコンビニは約四万軒。だいたい二千人に一店舗の割合で出店していました。人口は一億二千万人ですから、単純計算しても最終的に六万軒にまで伸びる。あと二万軒の出店余地があったわけです。

加えて、日本は狭いですし、住宅密集地に出店すれば家庭の冷蔵庫の感覚で使ってもらうことができます。すると、まだまだ新しい商品を開発することも可能です。商社にとってこれを確保することは、大きな商機になるという目論見がありました。つまり利益の根源がそこにあるというわけです。

商品には、生まれてから死ぬまでの流れがあると私は考えています。つまり、原料の生産から加工されて人間の口に入るまでのことです。たとえば小麦粉であれば、小麦の植え付け、収穫、運搬、そして加工されて粉になり、二次加工でうどんやパンに、その後は小売店に運ばれる。この一連の流れです。伊藤忠では、これまで原料の取扱いや粉の運搬といったことを手掛けていました。すなわち生産と中間流通には関わっていたわけです。しかしその後、この粉を二次加工してうどんやパンを作ったりはしていません。その販売もしていません。肝心なのは、この二つにも利益が出ているということです。原料と運び屋をやるだけでは儲からないにもかかわらず、商社はそれをずっとやってきました。これを変えていかなくてはいけないと考えたのです。

つまり川上から川下まで全部の分野に投資して、これに関与していく必要があるということです。私は「縦の総合化」と言っています。商社はこれまで部門ごとの「横の総合」を主なビジネスモデルとしてきましたが、それでは儲かりません。小麦なら小麦の、生まれてから最終形態にいたるまで。つまり、ゆりかごから墓場まで。縦の総合を行えば、必ずどこかで儲かるはずです。川上である原料のマーケットがふるわないときでも、川下のうどんやパンのマーケットは好調だという具合に、どこかで商機を見出せるわけです。

伊藤忠では、このビジネスモデルを「ＳＩＳ（Strategic Integrated System＝戦略的統合システム）」と名づけ、食料分野を中心に推進しています。

それにしても、ファミリーマート株式を取得して一番嬉しかったのは、食料カンパニーの社員たちが消費者を基点にしたビジネスを展開できるようになったことです。お客様のニーズに応えることは繁栄の基本と言っていいでしょう。これまではあらゆるビジネスの提案を行っても、顧客接点という強みを持つ川下分野にとって我々は単なる納入業者でしかありませんでした。しかし、ファミリーマートという消費者のニーズに直接触れることのできる場所を傘下に収めたことで、より大きな、新しいビジネスチャンスを生み出すことができるようになったわけです。この一件以降、食料カンパニーの連中は明るくなりました。あとは謙虚に、このビジネスモデルを軌道に乗せていくことだと思っています。

●二つのビジネスモデル

新たなビジネスチャンスの場は、何も川下に限ったことではありません。川下に関与することで、川上へと逆流現象が起きることもあります。たとえばコンビニに関与していたら、新商品を作っている有力なメーカーに投資をすることも可能です。お酒を売ってみたらどうかといった話から、ビール工場の経営を行うということも可能になります。このように川下から新たなビジネスチャンスをつかみ、従来やってきた川上、川中にフィードバックさせることも可能になるわけです。

現在では、川上から川下までの一貫した仕事を作っていくSISと同時に、「LGS(Leveraged Growth Strategy)」という考え方を重視しています。これは、別の企業とお互いに強い部分を提供しあって、手を組んで成長戦略を描いていこうというビジネスモデルです。たとえば伊藤忠は製造の技術と人材を持っていないけれど、それを持っているところと組んで一緒に仕事をつくっていく。その代わり、原材料の購入や経営管理といった当社の強みを提供するといった具合です。

その一つが、中国でのビール会社への投資です。今、アサヒビールとの共同出資で、新しい飲料事業を中国で始めています。滑り出しはきわめて好調です。アサヒビールは言うまでもなく製造技術を、そして伊藤忠は中国とのパートナーシップや経営管理を担っています。伊藤忠だけではできないことでも、他の企業と手を組むことでビジネスが拡大していくわけです。SISとLGS、この二つのビジネスモデルと、現在手掛けている先端技術を加えていくことで、伊藤忠は新しい収益源を見出せるのではないかと考えています。

私は社長になってから、「ファミリーマートに次ぐ五百億円くらいの投資を考えろ」と常に言っているんです。二〇〇三年から二〇〇四年度末までの二年間に、二千億円を投資しようと考えています。しかし、なかなか良いものが出てきません。体が震える程のプロジェクトの成功を社員に体験させたいのです。

あるとき、経営会議で「お前たちは世界中でネズミばっかり追いかけている。ネズミをいくら捕まえてもゾウにはならないぞっ！」と言ったんです。それからこの言葉が有名になって、我が社では金額の少ない投資案件は「ネズミ」とよばれるようになった。

それはそれでいいんですが、管理コストがまずかかります。伊藤忠には九七年度の段階で千九十二社もの連結対象会社がありましたが、それだけ多いと管理するだけで一苦労です。加えて、どこで誰が何をやっているかというのを社長がすべて把握するのは物理的に不可能でしょう。これまでも、不本意ながら不正表示や個人情報の流出といった不祥事が起こりました。伊藤忠グループの子会社で何か不祥事がおきたら、伊藤忠グループ全体のブランドに傷がつくことになるんです。コーポレートガバナンスやコンプライアンスの観点からしても、千九十二社というのはあまりに多すぎます。

現地法人を除く事業会社約千社を調べてみたら、黒字の会社は約六百社。このうちの六十社で全体の黒字額の五〇パーセントを稼ぎ出しているのです。黒字の会社数全体の一〇パーセントです。五百社余りが残りの黒字五〇パーセントにひしめき合っているんです。したがって大幅に整理する必要がありました。今、連結決算対象会社全体で六百四、五十社になっていますが、さらに整理を継続させて、五百社くらいがいいと私は思っています。

加えて、新しいものに投資すると同時に、古くて儲からないビジネスについては整理していく必要があります。また、たとえ儲かっているものでも、物事には売却の時期というものがあります。損が出始めてから売るのは簡単です。儲かっている最中に売ることが難しい。それを今、盛んに言っているんですが、儲かっているとなかなか手放せないようです。でも、宝の山だと思っていたら、いつの間にか毒まんじゅうに変わるんです。その前に整理しなくてはいけないし、これを可能にするには、新しいまんじゅうを仕入れる必要があります。この決断も、トップの仕事だと私は思っています。

●守りと攻め

ファミリーマート株式取得のとき、問題になっていたのはお客様との関係だけではありませんでした。当時、伊藤忠は、不動産などバブル崩壊後の不良資産約二千億円の処理を進める過程にあったんです。そこに伊藤忠始まって以来の巨額投資が重なることになります。一歩間違えたらえらいことになる。

しかし、守りだけで攻めないというのは、守ったことにならないんです。守りだけやっていたら会社は潰れてしまう。攻めは攻め、守りは守りでやっていくのはビジネスの鉄則です。だから、私は室伏社長を「利益の根源に迫るべし」と説得したわけです。

ところが、この話を聞いて総合判断として納得しがたいとの大きな声が、影響力のある一部のシニアの方から出ました。「何をやっているんだ。こんなメチャメチャな経営をしていていいのか」とお叱りを受けたんです。まさに、経営の決断の時でした。

まず言われたのは、重要なお客様に対して顔向けできるのかということでした。しかし、前述したように顔向けできるかできないかの問題ではありません。これからの伊藤忠が、収益の源をどこに求めるかが問題なんです。自分の力で稼ぐべきなんです。

守りだけに集中していたら、一体どこで稼ぐのか。「私は今、それを乾坤一擲《けんこんいってき》やろうとしているんです」。こう言って、一応の理解はしてもらいました。

やはり守りは守り、攻めは攻めということです。会社の経営は自動車の運転とは違うのです。アクセルとブレーキを同時に考えていくのが企業のあり方だと私は思います。

考えてみると、こうした経営の決断と実行の場面で影響を受けた方は幾人かすぐにも思い出せますが、瀬島龍三理事（元伊藤忠商事会長）抜きには語れません。瀬島さんは大変頭脳明晰な人です。仕事の面での関係しかありませんが、物事を分析する能力は日本一といって良い程優れていると思います。

ちなみに、日本の産業界が拡大していく過程で総合商社が生まれ、その流れの中で、伊藤忠に近代企業としての組織体系が導入されました。伊藤忠というのはどちらかというと知性よりも体力勝負の会社でしたから、そこに知性を持ち込んだというのが、瀬島さんの大きな功績だったと思います。

当時、列島改造論のさなかで、会社が急成長していきました。毎年のように社員が倍増、給料もうなぎ上りですから、それを取り仕切る官房長官が必要だったわけです。その中で業務部を創設し、初代部長として采配を振るったのが瀬島さんでした。

瀬島さんは会社が急激に拡大する中で、それに応じた組織と憲法を作っていきました。憲法というのは、承認と決定はどう違うかとか、権限とは何を指すのかといった言葉の使い方も含めた共通のルールです。瀬島さんの下で、近代組織に必要な管理体制が着々と整備されていきました。

私が瀬島さんに初めて会ったのは、入社六年目、アメリカに行く前に挨拶に伺ったときでした。

「問題が起きたら、とにかくすぐに飛行機で飛びなさい。お金がかかるとかは問題ではない。人間というのはすぐ飛んで〝フェイス・トゥ・フェイス〟で解決しなきゃいけない」と言われました。当時は三国貿易、つまり決済は日本でも、実際には日本を経由しない貿易も行っていたんです。それで、私は早速ヨーロッパ経由でアメリカに行くことに決めました。

海外旅行や海外各国間の往き来に大変なお金がかかり、人の移動が少なかった当時、この言葉は非常に印象に残っています。

●社長就任

ファミリーマートの株式取得に動いていた頃、私は食料部門の担当役員でした。じつはその二年前に、室伏稔社長からアメリカの総支配人をという打診があったんです。しかし業務部長だった私は、「二年間だけ食料部門に戻してくれ」とお願いしました。食料を大きな柱にしなくてはならないという強い思いがあったからです。その後は、言われたとおりどこでも行く、と。でも、このとき「お前は社長の言うことが聞けないのか！」「本当に、お前は口を開けば食料、食料と言う」と、怒られました。

「口を開けばと言ったって、食料は大事なんです。アメリカは私が行かなくても何とかなるが、食料は何ともならないんだ」と、こちらも負けずに言い返しました。川上から川下まで、つまり食料の「美しき流れを作る」と言って説得したんです。

そこで晴れて食料の担当役員になり、人事を相当入れ替えました。若い人材を登用したりして、それが今の繁栄につながっていると自負しています。

ファミリーマートの株式を取得してからすぐ、社長交代の噂が巷に立ち始めました。私のところにも社長候補ということで、いろんな連中がおべんちゃらを言いに来る。私は「ファミリーマートを何とかしなくちゃいかん」とカムフラージュしていましたが、それから二週間ほど経った頃、室伏さんから「次期社長をやれ」という話がありました。

ここで、私は「ちょっと考えさせてください」と言いました。全く相談するつもりはありませんでしたが、「ワイフにも相談しなきゃ」などと言って時間を稼ぐ。そうしたら、「何を考える必要があるんだ」とまた怒られた。だいたい、私は昇進するときは怒られてばかりなんです。

不良資産を処理する計画も一部進んでいましたから、「しんどい」と思ったのはこのときです。もっとも、考えさせてくれと言ったって二、三時間程度。冷静に落ち着いて一人で少し考えてみたかったのです。何日も何時間も考えても結論は変わらないものです。

一人だけ、財界で私がもっとも信頼している人がいたので、彼にだけは電話で相談しました。「あなたがやらなくて誰がやるんだ」と言われたんです。大御所がそう言うならと、このとき腹が決まりました。

●海外市場についての考え方

今、海外でもビジネスを行う企業が増えてきました。しかし、産業界全体で見たらまだ少ないほうでしょう。一旦は海外に進出したけれども、うまく行かずに撤退する企業もあります。

しかし約四十年間、中国やアメリカ、ヨーロッパなど様々な国とビジネスをやってきた私の考えを言えば、企業同士の相互理解や信頼関係を培うことの重要性は世界共通、どこでも一緒なんです。誠実さと言行一致。この二つに尽きます。日本の企業とあまり変わりません。

私は約九年間、ニューヨークに駐在していました。この詳細は後述しますが、仕事相手とも家族ぐるみのよい付き合いをさせてもらいました。仕事で助けたり助けられたりということもありました。中国では、一九九九年から北京市長が主宰する「国際企業家顧問会議」のメンバーをやっています。オリンピックの次の開催地としてアテネで旗を振っていたのは、王岐山氏という北京の今の市長ですが、私はその前の市長の劉淇氏と非常に親しい。今、国務院の偉い人になりましたが、私が行ったら必ず時間を作って会ってくれます。彼が市長のときに顧問を頼まれて、今も引き続きやっているというわけです。他にも台湾工商協進会理事長の黄茂雄さん、韓国の貿易協会会長の金在哲さんなど、肝胆相照らす仲と言っていいでしょう。

その基本は、やはり誠実さと言行一致なんです。絶対に裏切らないこと。言ったことは必ず実行に移す。しかも早く行動する。たとえば「一回、我が社の人間をお宅にお邪魔させます」と言ったら、三日後には行くように指示します。一週間後ではダメ。三日以内です。そうすると相手は非常に強い印象を受ける。丹羽という男は、こんなに早くアクションを取ってくれるのかと、それだけで信用してくれるんです。

一般論としてよく言われることですが、中国人は性悪説が基本にありますから、最初は相手を疑ってかかります。だから値段を吹っかけたり値切ったりするわけです。しかし一度信用に足る人間だと思えば、完全に心を開いてくれます。

日本人はおおむね性善説でビジネスをしますから、ろくに知り合ってないのに仕事の話を進め、この違いを認識せずに「中国人は信用できない」と言うんです。これは違う。

今後、東南アジアのマーケットに対しても、中国系の人材をどう育成していくかにかかっていると私は考えています。伊藤忠ではおそらくこれからの五、六年で、マネージャークラスの半数が現地の東南アジア人になると思います。今、彼らを日本に呼んで、年に一〜二回、マネジメントプログラムを通して教育を行っているんです。私も昼食会などで彼らと直接話す機会を設けたりしていますが、彼らが現地に戻ってマネージャーになっていくのを楽しみにしています。

東南アジアが経済の中心になってくるのはこれからですが、日本にとっては同じアジア人ということで親近感もあります。人口も増えていきますから、伊藤忠としても力を入れていく考えです。中国からスタートして、タイ、ベトナム、それからインド。今から人間を育てて種を播いておく。これは十年計画になるでしょう。

ではヨーロッパはどうか。歴史的なものを踏まえて考えると、日本企業はきわめて進出しにくい風土があります。イギリスはある意味、インドに次いで階級的な色合いが濃いですから、本当に日本人を許容するかどうかという点では、きわめて難しいと言わざるを得ません。大陸はどうかと言うと、今度は言葉の壁があります。英語、ドイツ語、フランス語、この三つができないと、大陸での本当の仕事はできないというのが実感です。また、ユーロ圏内でのトレードが増えてきていますから、ここで日本人が入る余地はほとんどありません。そうなるとユーロ圏外、対外貿易ということになります。これは日本人でもできそうですが、対日貿易と限定するとウエイトが非常に小さくなります。

したがって、日本企業の進出の可能性として考えられるのは、せいぜい技術を持ったところがヨーロッパで工場を運営して、そこから貿易を始めるというぐらいでしょう。金融環境、流通環境、また歴史的文化的な社会の諸制度を考えても、難しい国々だと思います。ただ、ここで人材を確保し、発展の可能性のある東欧をベースにして西部ロシアにまでビジネスを広げていくという考え方が正解ではないかと思います。

世界のGDPのうち三〇〜三五パーセントはアメリカですが、ヨーロッパ全体で見ると、それにほぼ匹敵する力を持っています。これを考えると非常に大きな経済圏であることに間違いはありません。しかし、アメリカほど日本企業が自由に活躍できる場はないだろうというのが私の考えです。

●純血主義の終焉

とはいえ、アメリカでも技術力がなければ日本企業の成功は難しいでしょう。海外について総じて言えることは、いかに現地の人々を育成していくかだと思います。二十一世紀の経営の要は「人と技術」だと私は考えていますが、この「人」の部分がとくに重要です。

ヨーロッパに進出した日本企業で共通しているのは、自分の会社を日本人だけで経営しようとすることです。すると、優秀でないアシスタントでも、日本人だから高い給与水準で雇うという現象が起きます。そうなると儲からないし競争力もないから、発展しない。加えて、給料が高いから誰も辞めない。どんどん老齢化するんです。最近はだいぶ改まってきたようですが、まだこの現象はしぶとく残っています。

伊藤忠でも、海外の人々にどうやって会社の文化になじんでもらい、権限を委譲していくかを考えていかなくてはならないと思っています。そしてそれを管理・監督する能力を日本企業は身につけなければなりません。日本人はとかく純血主義に陥りがちですが、もう純血の時代は終わりました。

現地の人々を育てるのと同時に、日本人が海外に行ったとき、彼らや彼らの文化を理解する力、許容する力を持つことも必要です。伊藤忠は入社四年以内の若手社員を全員、海外へ研修に行かせていますが、それにはこうした狙いがあるからです。外の風に当たって、海外で働く人たちは何をどう考えているかを学んでほしい。決して英語の上達だけを目的にしているわけではありません。語学はもうコミュニケーション・ツールのひとつとして、最初から話せることが前提です。問題は、お互いの文化をどれだけ理解し合えるかということでしょう。それがなければ、日本の企業は海外に進出しても絶対に成功しません。

もう一つ、日本が海外からどう見られているかというのも考えておかなくてはならないでしょう。首相の靖国神社参拝問題などもそうです。この問題の本質は、A級戦犯が靖国神社に祀られているということが、周辺アジアの人々の目には日本の政府が国としてこの前の戦争を肯定しているかのようにうつることでしょう。A級戦犯に対する周辺諸国の目は、日本人が考える以上に厳しいということを自覚する必要があります。

周辺諸国の感情を考えなくてはいけません。世界は日本だけで成り立っているわけではないんです。

もちろん、国のために戦った一般の兵士たちを参拝することに異論はありません。きちんと礼儀を尽くすのは自然の成り行きだと思います。私人として個人としては別ですが、公人としては周辺諸国にどういうインパクトを与えるかということも考えて行動するのが、トップの務めです。

一方で、原爆についてはどうか他国の人に聞いてみるといいでしょう。よく日本人は黙っているな、と言うはずです。

日本に原爆を落とした理由については諸々あると思いますが、その一つには、人種差別や異教徒に対する蔑視感情があげられるのではないでしょうか。彼らはおそらくこれを否定するでしょうが、ベトナムやイラクで見られるように、兵士と民間人の区別なく無差別殺戮をしたり、実験的な化学兵器や劣化ウラン弾の使用を見ても、潜在意識の中にそうした価値観が根強く残っているように思えてなりません。私はそれを絶対に許してはいけないと思っています。日本は、彼らのそうした一種の価値観に対して、いざというときはアンチテーゼを持って対応しなければならないと思います。日本人としての自尊心や、過去の歴史に対する認識を明確に持っておく必要がある。アメリカに盲目的に何でも追随すればいいというものではありません。一部の日本人がバカにされるのは、そうした国として、あるいは国民としての自立した意識がないからです。

このことは、海外に長い間いるとよくわかります。私に限らず、アメリカに何年間も滞在したことのある人は、そうした彼らの潜在意識に触れる経験が少なからずあったのではないでしょうか。

●雪印乳業への出資はなぜ決行されたか

さて、話を国内に戻しましょう。

ファミリーマートと同じく世間の耳目を集めたのは、二〇〇二年に行った雪印グループへの出資決定[*1]でした。当時、雪印では立て続けに不祥事[*2]が起きて、ブランドイメージが失墜していました。世間から批判を浴び、マスコミも彼らを盛んに叩き、四面楚歌の状態だったんです。そうした中、伊藤忠は真っ先に手を挙げ、雪印を支援する方針を固めました。なぜかというと、雪印をこのまま放っておいてつぶれでもしたら、日本の産業界にとって決して得にはならないと考えたからです。絶対につぶしてはいけない。日本の企業として、絶対に支えなきゃいけない。伊藤忠の総力を挙げてでもやるべきだ。そうすれば雪印は再生できる。

前述したように、これからの経営の要は「人と技術」です。雪印には、それがあった。これをつぶして喜ぶのは誰かといったら、世界の競争相手です。そもそも雪印がつぶれたら、一万数千人という社員が路頭に迷うことになります。日本の産業界として見た場合、雪印をつぶして得することは何一つないんです。

日本人というのはブランコが揺れすぎる傾向があると私は思います。悪いとなるとみんなで寄って集《たか》って引きずり下ろし、コテンパンにやっつけてしまう。ちょっと良くなると、拍手喝采してみんなで神輿を担ぎ、当事者を舞い上がらせてしまう。罪な国民です。

もちろん、悪いことをいいことだと言うつもりはありません。反省すべき点はきちんと反省しなくてはならない。しかし、雪印は人と技術が大変優れた会社です。私は以前から付き合いがありましたから、それを承知していました。支援すると決めたときは北海道の工場も視察に行きました。博物館もあるんです。日本のブランドとして、何十年という歴史の重みを感じました。その長い歴史の中で、優秀な人材と高い技術力を築き上げてきたんです。これを、一時期のブランコの揺れすぎでつぶしてしまうというのは、あまりにも損失が大きい。

当時、雪印乳業への資本参加の本当の狙いは、雪印アクセス（現日本アクセス）の株式取得[*3]

だという人もいました。もちろん、物流面におけるＳＩＳ構想の中で、雪印アクセスは魅力的な存在です。しかし、これはワン・オブ・ゼムに過ぎません。

やはりこれからは人と技術を持った企業が伸びる。様々な業界でＭ＆Ａ（企業の買収・合併）が行われていますが、その目的はここなんです。すなわち人材です。人材が確保できれば技術も手に入ります。Ｍ＆Ａなどとカッコよく言っていますが、本当に欲しいのは働いている人たちとその技術ということです。

北海道出身の人たちにとっては、雪印のブランドは確固たるものです。伊藤忠でも、Ｅメールで私に「ぜひ私は雪印へ行きたい」と言ってきた社員が数人いました。また、雪印に勤めている人の奥さんから、「雪印を助けようとよくぞ言ってくれました。本当にありがとう」と涙ながらの手紙が来たりもしました。

もちろん、軌道に乗るまでにはいろいろあるかもしれません。しかし、企業というのは何十年単位で見ていくべきものです。株価もいずれ何倍にもなるでしょう。雪印は必ず再生すると、私は確信しています。

確信というのは、周りから狂っているのではないかと思われるほどの信念に裏打ちされたものでなくてはなりません。周りがどんなに叩いていようと、断固として信念を曲げない。日本の産業界にとってプラスになると思えば、誰が何と言おうと支援すべきなんです。私はこれを「狂いに似た確信」と言っています。それほど強固な意志でなければ周りはついてこない。段々と周りが「そうか、社長がこれだけ言うんだから間違いないんじゃないかな」と思い始めるわけです。こうなれば、しめたものです。

＊1雪印への出資…二〇〇二年五月に合意。伊藤忠では雪印乳業㈱の第三者割当増資を二〇〇三年三月に引き受け、約八パーセント—第二位の株主となった。

＊2雪印グループの不祥事…二〇〇〇年六月、雪印乳業大阪工場で製造された低脂肪乳により集団食中毒が発生、一万三千人以上の被害者を出した。さらに二〇〇一年十月、雪印食品がオーストラリアからの輸入牛肉を国産牛と偽装、輸入牛肉買い取り制度を悪用して国に売却した。同社は二〇〇二年四月で解散している。

＊3雪印アクセスの株式取得…雪印乳業への出資と同時に、伊藤忠は㈱雪印アクセス（冷蔵・冷凍物の流通卸）の株式を買い増しし、二五パーセントを保有する筆頭株主になった。二〇〇五年一月現在の伊藤忠の持ち株比率は三二・一九パーセント。㈱雪印アクセスは二〇〇四年四月に㈱日本アクセスに社名変更。

●「がんばれ日本企業！ファンド」の狙い

銀行は相変わらず担保至上主義です。これまで、日本の産業は土地と株という担保をベースに発展を続けてきました。このことは後述しますが、その価値観は現実にはもう崩壊していると言っていいでしょう。旧態依然とした担保至上主義でいくのか、それとも新しい価値観を見出して収益構造を変えていくのか。今はその過渡期にあるわけです。

この問題に直面しているのは、何より中小企業です。きわめて高度な技術を持ってビジネスモデルも確立しているのに、担保がないというだけで資金調達ができない。銀行は担保にばかり目が行ってしまうんです。

行政でも中小企業を支援するファンドがありますが、ほとんどが何らかの担保を必要としています。また必要としない場合は、支援額は極端に少なくなってしまいます。

ほんの少しの資金があれば収益は確実に上がるのに、それを見る目が大方の銀行にはまだありません。しかし我々商社なら、それがある。状況を分析し、どこで利益を上げるかといった目利きの仕事をしているわけですから、担保にしばられることなく的確な判断を下せるわけです。そうした特性を活用して中小企業に出資すれば、共に発展するチャンスが生まれてきます。中小企業の人材だけでは発展しないような事業でも、商社が人材と資金を投入することで海外進出を視野に入れることもできるわけです。

こう考えて二〇〇三年に設立したのが「がんばれ日本企業！ファンド」*です。それと並行して、今日にいたるまでに関西や北海道など、投資する地域を限定した地元密着型の地域ファンドも立ち上げました。これは地域経済を活性化させる狙いがあります。伊藤忠でも、各地域の支店で縮小均衡が起きています。その活性化のためにも、各地域の中小企業と手を組んで一緒に発展していこうと考えました。これには地銀などの地元の金融機関などの協力も得ながら行っていきます。

また、二〇〇四年四月には岐阜県と、十月には福井県と提携するなど県レベルでの提携を行ったり、中小企業庁と一緒に「がんばれ中小企業！ファンド」を立ち上げるなど、国内における有望な技術を持つ中小・中堅企業への支援を積極的にすすめています。

「がんばれ日本企業！ファンド」では今、いくつかの中小企業に出資して実際に動き始めています。第一号となったのは、東大阪市にある「クラスターテクノロジー」です。一ピコ（一兆分の一）リットルという細かい液体を噴出するインクジェットの生産技術を持っている企業です。出資すると同時に、商品開発や市場開拓をサポートすることになりました。また、ファンドからだけではなく、伊藤忠からも出資を行っています。

地域経済は、一部を除いてなかなか新しい産業を生み出すことが難しい状況にあります。とくに公共事業である程度潤ってきたところは大変です。二宮尊徳の考え方にもありますが、企業には自立・自助の精神がないといけません。要するに他からお金をもらったり、債権放棄を受けたりということをアテにしていては、なかなか企業は発展していかないんです。甘えも出るし、補助金をめぐる無用な争いが起きるケースもあるでしょう。自分の力でゼロからやり抜いていくという気概がないと、活性と発展にはつながらない。そういう意味では、時間がかかるところもあるかもしれません。

ただ、そうした自立・自助の精神を持った企業については、担保がないというだけで埋もれさせてしまうのは、あまりに惜しい。

このファンドの動きが加速すれば、銀行に代わって商社が中小企業をバックアップし、地域経済の振興、さらには日本経済の活性化に貢献できるのではないかと思っています。商社ならば、従来の機能を生かして、グローバルな展開も可能になります。アメリカやヨーロッパの優れた技術を、日本でさらに開発、加工していくことも可能になるでしょう。研究開発の特許を、実際に経済社会に応用していくための仲介役は商社が行う。そして日本のモノづくりの力を伸ばしていく。これもまた、新たなビジネスモデルになるのではないかと思っています。

とくに先端技術については期待しています。バイオとかナノテクなどといった技術です。伊藤忠では、現在、グローバルアライアンス戦略をすすめています。これまで米国のロスアラモス国立研究所やフランスのパスツール研究所、オーストラリアのＣＳＩＲＯ等、また国内では産業技術総合研究所や理化学研究所といった世界のトップクラスの研究機関との包括提携を行ってきました。

我々総合商社は、ほぼ全産業分野においてマーケットの技術に対するニーズを知る立場にあります。これらのニーズと研究所の持つ技術のシーズとをマッチングさせることで、新しいビジネスモデルを創造していくという戦略です。

こうしたことを、今後は担保至上主義に代わるものにしていく必要があるでしょう。後でさらに詳しく述べますが、付加価値の高いモノづくりがこれからの日本の産業の進む道だと私は考えています。

＊「がんばれ日本企業！ファンド」…二〇〇三年六月、高い技術力を持ちながら資金調達が十分にできない中小企業に対し、伊藤忠では一〇〇パーセント子会社のファンド運営会社「チャレンジ・ジャパン・インベストメント㈱」を設立し、支援を行う方針を決定した。

第三章 負の遺産

●みんなの喜ぶ顔が見たい

社長時代を振り返ってみたとき、もっとも大きな決断だったと思うのは、一九九九年十月に発表した三千九百五十億円の特損処理*です。業界では類がないほどの規模で損失を計上しましたから、社内外に大きなインパクトを与えました。不採算事業の整理、販売用不動産の処理などがその内訳です。

伊藤忠はバブルが崩壊するまで、拡大戦略を続けてきました。じつはその後、拡大のツケが回ってきているという意識が希薄だったんです。しかし、あるとき見てみると、余分なものをいっぱい抱えていました。そんなつもりは毛頭なかったのに、融資していた先がみんなお手上げ状態で、土地やビルといった担保が全部、伊藤忠に来てしまったわけです。「あれ、何でこんなものがあるんだ?」「エッ、こんなにあるの?」という状態だったんです。

ただひたすら担保の価値が上がるのを待っていると、浜の真砂のように際限なく損が出てきます。一生懸命稼いでも、全部その損に吸収されてしまう。これが続くと、さすがにウンザリしてきます。どれだけ稼いでも儲からないわけですから、給料も増えません。人材も増やせません。毎日が暗くなる。社員にも厭世観が生まれてくる。私自身もそうでした。これを何とかしなくてはいけない。

あなたの社長として目指すところは何か、と問われたら、私はこう答えます。社員が喜び、株主が喜び、取引先にも「伊藤忠はいい会社だ」と言われることだ。自分一人で金銀財宝を抱えて喜んでいる、ニヤニヤしているというのは気持ちが悪い。みんなと感動や感激を分かち合う喜びのほうがいい。

自分が責任を持っている人たちの喜ぶ顔を見るのは、本当に嬉しいものです。人間というのはそういうところに生きがいを感じるのではないかと思います。たとえば、奥さんが喜び、子どもが喜び、家庭が明るくなれば、自分が多少苦労していても嬉しいと思う。それが自分の生きがいになるんです。

だから私は、伊藤忠が暗くなる原因をまず断たなければいけないと考えました。それには重荷を排除しなくてはなりません。稼いでも稼いでも不良資産に利益が吸収されていく現実を、先送りしながら眺めているわけにはいきませんでした。したがって、みんなの机の中にしまってある損をとにかく出せと指示したわけです。

これは、社長になって一年ほど経ってからのことでした。落ち着いて会社全体を俯瞰してみると、どうもよくない。そこで、七、八名のタスクフォース（機動部隊）をつくり、極秘で実態を把握させることにしました。通常どおりの業務を行いながら三、四ヵ月間、調査を行わせたので、かなりのハードワークだったと思います。

だいたい損失というのは、よく調べてみると、大雑把に把握している額の三倍くらいになることが多い。これは私の経験則ですが、一千億円の損失だとしたら三千億円くらいに膨れ上がる。したがって、おそらく今回の含み損はかなりの額になるのではないかと予測はしていました。しかし調べてみないことにはわからない。

結局、その予測は当たってしまいました。タスクフォースの出した結果が事実なら、これは相当の覚悟を持たなければならない。このときの私は、三千九百五十億円の不良資産という現実の前に、さすがに顔面蒼白だったと思います。

＊三千九百五十億円の特損処理…一九九九年十月、伊藤忠では不動産などの不良資産を一括処理、三千九百五十億円の特別損失を計上する方針を発表。商社業界では最大規模。最終損益は単体で千六百三十億円の赤字となった。

●半分、目をつぶって切るべし

室伏稔さんが社長に就任した九〇年当時、私は業務部長だったことは前述しました。業務部長というのは、官房長官です。これは私の人生でも大きな転換点の一つだったと思います。

私の場合、一社員から課長、部長くらいまでは、いかにして自分の考えを上司に認めてもらい、組織を動かしていくかが主な仕事だったわけですが、官房長官というのは自分の意思如何にかかわらず、まず社長を補佐することを考えなくてはなりません。周囲の意見をまとめて社長に具申しつつ、方針が定まればそれを周りに徹底させる役目を負う。絶対に自分は表に出ないけれど、社長以上に会社の舵取りを行うのが業務部長です。黒子であり、参謀長に近い存在とも言えるかもしれません。

じつは業務部長時代、私は二年間の酒断ちをしたことがあるんです。ときどき室伏さんと酒を飲みに行く。大酒飲んで、翌日の経営会議になると二人とも声がガラガラなんです。会社のトップと官房長官が飲んだあげく、ガラガラ声で会議をやるわけです。こんなことでは会社はつぶれる。まずいというので、私が酒をやめると言いました。どちらかがしっかりしなければなりません。ならば、社長ではなく官房長官がそれをすべきなんです。本当にやめました。「会社の業績がよくなったら飲みます」と言って、乾杯のときも口をつけるだけ。二年後に会社の業績が一時的に良くなったので「そろそろいいか」と解禁しましたが、その間、一滴も飲まなかったんです。

これは卑近な例ですが、業務部長というのは社長の黒子ですから、たとえ自分の意に沿わないことであっても、それに徹しなければなりません。社長が是とすれば、自分がどう思うかは別として、それを徹底して行っていく立場にあるわけです。

不良資産についてもそうでした。本当は随分前から、含み損が出始めているという話があったんです。伊藤忠では、九八年三月期に千四百二十八億円の特別損失を計上し、今後の再建計画を打ち出しましたが、私の性格からいうともっと早くに徹底して実行に移したかった。しかし、黒子はそうした方針を決める立場にありません。

今でも覚えていますが、業務部長として最初にある会議に出たとき、含み損の話が議題にのぼりました。そこで開口一番、私はこう言ったんです。

「半分、目をつぶって切るべし」

すると当時の副社長から、「このバカヤローッ」と怒られました。私が生意気な言い方をしたからだと思いますが、要するにお前のような業務部長になったばかりの若造に指図されるいわれはない、ということだったんです。別に指図しているつもりはありません。自分の意見を言っただけです。しかし業務部長という立場ですから、決定権などあるはずもない。

もしこのとき損失の半分を処理していたら、少なくとも九九年になって三千九百五十億円という規模の大なたを振るうことはなかったのではないかと思います。

「わからないときは半分切れ」というのが、私の相場観です。この後相場が上がったら「しまった、半分切っちゃった」ではなく、「まだ半分残していた」と思えばいい。全部切ってしまったら夢も希望もないけれど、「半分残っているんだからいいじゃないか」と考えなくてはいけないんです。それでさらに下がったら、また半分切って四分の一にする。これで上がったら「四分の一残していたんだからいいじゃないか」と考える。これは、リスクマネジメントとしては最低限の対応でしょう。

ところが、当時の上層部はそうした判断をしませんでした。なぜなら上がる可能性があると、みんなが考えたからです。それを考えたら、とても不良資産を処分する勇気は持てません。

戦後の日本における土地の相場は、連続して上がり続けていました。伊藤忠の幹部だけではなく、少しくらい下がっても一時的なもので、待っていたら必ず上がるという見方が一般的だったんです。個人でも、ゴルフ会員権などを三分の一くらいになって買った人は多かったと思います。私自身もそうでしたが、いずれ上がると考えたからです。それがまさか十分の一まで下がるなどとは予想もしていない。だからこそ、「そう簡単に半分も処分できるか」という意見が多かった。当時の状況を考えれば、こうした保守的な意見を持つのも無理からぬことだったと思います。

しかし、私はニューヨークに駐在していた当時、相場で大失敗をした経験があります。だから「まず半分切るべし」という考え方ができたんです。

そして、このとき私は「偉くならないとダメだ」という思いを強くしました。もし自分が常務や専務だったら、その意見が少なくとも今以上には尊重されるはずです。役員にもなっていない業務部長が端から偉そうに何か言っても、「バカヤロー」で終わってしまう。だから、社内である程度の役職とか地位を持たないと何も変えられないと実感したんです。それで九四年に常務になってから、前章でも述べたように会社としての収益源を求めたり、不良資産の処理について室伏さんに進言したり、積極的に動くようになりました。そして、九七年には不良資産を洗い出し、再建計画を打ち立てたわけです。

とはいえ、九七年度のリストラについては、あくまで緊急手当てのようなものでした。「思い切ってやったほうがいい」と当時副社長だった私が言っていても、最終意思決定はトップにあります。このときは、様々な手立てを講じながら順次処理を行っていくという方向に落ち着きました。

膿を全部掻き出すかどうか。この決断はそう簡単なことではありません。塀の上を歩いていて、足を踏み外して塀の中に落ちたら一生出られない可能性もある。薄氷を踏む思いです。掻き出したら、とんでもないお化けが出てくるかもしれません。いくら私が強気で良い加減な性格であったとしても、簡単に「やれ」と言えるものではないのです。

●血の小便が出ない！

私自身も、何度も考えました。一括処理すべきかどうか。決断するまでに二ヵ月ほど要したと思います。やろうと考えても、会社は本当につぶれないだろうか。そんなことは誰にもわかりません。いや、ちょっと待て。市場がどう反応するか。

市場というのは非常に鋭敏です。この時期、伊藤忠は何か爆弾を抱えているんじゃないかということで株価がどんどん下がっていきました。このまま下がっていったら、市場につぶされてしまうかもしれない。そうなる前に、よし、やろう。やったらやったで、一度どん底に落ちて、頭を坊主にして出直そう。

しかし、どん底と言っても、その底が抜けて、底なし沼だったらどうするのか。底が抜けないという保証はどこにもありません。百数十年にわたる伊藤忠の歴史を、私が幕引きすることになるのか。会社をつぶしたという汚名は、生涯にわたって残ることになります。家族も何を言われるかわかりません。グループ全体の何万人という社員を路頭に迷わすことにもなります。

そうなると、このまま先送りしつつ、騙し騙し処理していけば、社長でいる間に汚名を着ることもない。その間に景気もよくなるかもしれない……。しかし、これもまた、そんな保証はどこにもありません。

こうした具合に、もう十回以上、やるべきかやらざるべきか逡巡しました。

その少し前から、私は自宅に帰る時間がなく、ホテルに宿泊していました。口がパサパサに渇いて、ご飯が喉を通らなくなったのはこの頃です。水や酒は入る。でも他の食べ物は受け付けなくなって、それが一週間ぐらい続きました。

しかし私は、学生時代からスランプに陥ったことがありません。スランプは一生懸命に勉強や仕事をしている人がなるもので、勉強していない人はスランプになんかならない。今でもそう思っています。

そもそも私はいつも躁状態のようなもので、仕事もそんなに一生懸命にやっているという意識はありません。

だから仕事で体調を崩す？　そんなことは一切ないと思っていました。ニューヨークに駐在していたときのハードワークでも壊れませんでしたから、自信を持っていたんです。

「なんで俺がモノを食べられなくなるんだ？　こんなヤワな神経じゃ、社長なんかやっていたらかえってダメじゃないか」

そう思いました。しばらくしてから自然に治ったんですが、今度は腰を痛めました。寝返りをうつだけでも激痛が走る。それを知った周りの人たちがコルセットを送ってくれたりもしましたが、強気な性格ですから、ゴルフをするとき以外は巻かない。病院に行ったら痛み止めの薬を処方されて、一週間ほどで治りました。

もしかしたら、そんなにたいした症状じゃなかったのかもしれません。私はちょっと血が出ただけでも「イヤーッ、大変だ、絆創膏、絆創膏」と大騒ぎしてワイフに笑われるくらいですから、大げさだったのかもしれないと今では思います。

血の小便も出なかった。厳しい局面に立たされて、精神的にも肉体的にもきつい状態が続くと、血の小便が出るといいます。しかし、いつまで経っても出ない。どうやったら出るんだ？　周りの人は出るという。「なんで俺だけ出ないんだろう？　おかしいなあ」と真剣に考えました。出たら本物だと思ったんです。でも、出ませんでした。ということは、私はよほど神経が鈍かったんでしょう。

しかし牛の反芻みたいに、やるべきかやらざるべきか、ずっと考えていました。夜中に目が覚めて、それから寝付けないということもありました。だから人並みの苦労はしたと思っています。もっとも、眠れない日々がずっと続いて睡眠薬を飲むということはありませんでした。たいていは考えていても、気がついたらちゃんと眠っている。だからやっぱり良い加減なんだと思います。

それに、人並みの苦労といっても、それが仕事です。もともとモノをジーッと考えるのが嫌いなほうではありません。囲碁のように、あらゆる角度からあれこれ考えるのは苦痛ではないんです。むしろ、そうした決断を迫られるような状況を楽しむような一面があります。それが仕事のやりがいだと思っているんです。

また、学生時代からそうですが、私は天の邪鬼なところがあって、みんなが騒ぐと「ちょっと待て」と冷静になり、あんまり静かな状況だと「何してるんだ」と率先して騒ぐ。いつも周りとは逆でした。そんな性格が、経営判断においても意外とプラスに働いているように思います。

いずれにしても、私はいつも最後には開き直ります。別に死にはしない。こう考えるんです。良い加減ですから、あんまり物事を悲観的に考えるタイプでもありません。ゴチャゴチャ言っているのも性に合わない。だから一気に処理しないと、かえって死ぬに死ねないわけです。

それで「やろう」と決断しました。

この間、誰にも相談していません。発表したのは十月十三日ですから、経営陣を週末に集めて状況を説明したのは、九月頃だったと思います。「三千九百五十億円の不良資産処理に関わる特別損失」。これを聞いても、誰も何も言わない。そこで、私が「やるぞ」と結論を出しました。すると「そこまでやる必要があるのか」「もし会社がつぶれたらどうするんだ」と、様々な反応が出ました。「つぶれないようにやるんだ」としか言えません。何があるかわからない世の中、一寸先は闇です。最後は私が責任を持つ。

銀行にも説明に行きました。やはり「そこまでやることないのでは」という反応を見せました。御自分のところでも不良債権を抱えて処理できずにいるわけだから、当然と言えば当然でしょう。しかし、もし銀行の言うとおり数年かけて再建計画を立てても、それで会社がつぶれた場合、銀行が面倒見てくれるわけではありません。「最悪の場合、面倒を見てあげます」というのなら考えますが、そうではない。

先にも述べましたが、人間は自助努力をしなくてはいけません。債権放棄をアテにするのではなく、自分の力で立ち上がるしかないんです。しかしどの銀行からも一〇〇パーセントの賛意は得られませんでした。一行だけ、「あなたがやると言うのなら、全面的にバックアップしましょう」と言ってくれた銀行があったんです。これは非常に力強い存在でした。

ただ、周りの誰一人賛成しなくても、私は一括処理していたと思います。スピードが要求される時代ですから､不良資産に足を取られている時間はありません。社員の厭世観を払拭して、二十一世紀は新しい経営体質でスタートさせたい。二十世紀の負の遺産は、二十世紀中に片付けたいと考えていました。

とはいえ、壮大な実験であることに変わりはありません。じつは無配を決めたときもそうだったんです。これまで伊藤忠の経営陣は、どんなに苦しくても配当を行ってきました。配当は商社にとってきわめて大事なものです。メーカーのようにモノづくりをしているわけではありませんから、信用こそが商社にとって一番大切であり、無配にするなどという考えは誰も持っていませんでした。

それを、私が社長になってからの九八年度、九九年度と無配にしてしまった。ないものは払えないんだから仕方がありません。その代わり、将来は収益を上げて高い配当をする。企業の勝負が五年で決するというのならそんなことはしませんが、最終的な勝負はもう少し長い眼で見て欲しい。最後に勝てばいいのです。その素地を作ることが私の社長としての仕事だと考えました。

私が社長としていい目を見る、すなわち花道を飾るようなことはないだろうと感じたのはこのときです。定めというものでしょう。

したがって、もし特損処理で大幅な赤字を出しても、最終的に財務状況が改善されて会社が立ち直れば、将来は強い会社に生まれ変わります。私は、その捨て石になるつもりでいました。

ところが、取締役会で諮った後もじつはまだ悩んでいたんです。いや、待てよ。発表するまでにまだ時間があるから、今ならまだ取り返しもつく。この期に及んで、まだ逡巡していたわけです。

最終的に結論を出したのは、ゴルフ場でした。何の因果関係もありません。ただ、私は青い空と白い雲というのが好きなんです。ゴルフ場で空を見上げたら、真っ青な空に雲が浮かんでいた。それを見たとき、生きている「うれしさ」のようなものを感じました。「よし、やろう。もう変えないぞ」と思いました。一生懸命考えていた割には、ゴルフをしながら結論を出したわけです。

市場がどう反応するかわかりません。しかし、ありのままに正直に言って、あとは信用してもらうしかない。「ご迷惑をかけますが、必ず取り返します」という経営者の説明に対して、「わかった」と理解を示されるか、「あいつは信用ならない」と判断されるか、どちらかだ。これは勝負です。

現預金は十分ありましたから会社がつぶれることはないだろうと思っていました。しかし株価が下がってプレッシャーを受けることは十分に考えられます。それが最悪の事態です。最後は神の御心に委ねました。

じつはもう一つ、このとき私の背中を押した存在がいます。それは、故・筒井雄一郎さん（元伊藤忠商事専務）です。

彼は一九八七年に出張先のオーストラリアで水泳中に亡くなったのですが、生前、彼と室伏さんと私とは、よく三人で一緒に飲みに行っていました。当時、私は業務部長になっていませんでしたが、社長候補と言われた二人と何やかやと会社の話をする。そのうち終電の時間になって「僕は帰ります」と言うと、二人はすでにできあがっているから、「帰れるもんなら帰ってみろ！」と罵声を浴びせるんです。

この頃、私はすでに今の郊外にある家に住んでいました。「あなた方二人は都心のいいところに住んでいるかもしれないが、私は郊外に住んでいるんだ。泊まったら金がかかるから、帰らせてもらいます」と、私はサッサと席を立つ。そうすると、背後から「金がなんだッ」「バカヤロー、勝手にしろ」などと怒声が飛ぶわけです。

ところが、翌朝出社すると、「お前、いつの間にいなくなったんだ？」と、二人ともケロッとしている。

酒を飲みながらですから、他愛のない話もあったと思います。ただ、先輩二人を通じて、私は学ぶところがたくさんありました。だから、筒井さんが亡くなったのは本当に残念です。私は今でも思うんです。「もし彼が生きていたら、どうしていただろう」と。彼はきわめてアクションが早い人でしたから、彼が社長になっていたなら、不良資産の処理はもっと変わった形になっていただろうと思います。そしてもし、今回のように三千九百五十億円という不良資産を目の前にしたら、きっと私と同じように一括処理をするだろう。そう考えたのです。

結果として、株価は上がりました。他の企業も、伊藤忠が先鞭を切って処理したのを見て、市場はきちんと評価してくれるものだと感じたのではないでしょうか。

何より良かったのは、社員に対して嘘をつかなかったということです。今までは机の中にしまってある損失について、経営陣が口ごもることもあったと思います。それがなくなり、明るい会社になった。私は、家庭にも友人にも隠し事をするのが嫌いです。個人的にいろいろある人もいるかもしれませんが、会社は社会の公器ですから、その経営者が社会に対して嘘をついてはいけない。これは確信です。そういう意味では、きわめて真っ当な勝負をしたと今でも思います。

●給料返上

二〇〇〇年三月期は単体で千六百三十億円の赤字を計上して、無配でした。そのケジメをつける意味で、私は「当分、ただ働きする」と宣言しました。先期も無配で報酬カットを行っていましたから、これ以上ケジメをつけるとしたら無報酬しかないと考えたわけです。

当初、私はこれを発表するつもりはありませんでした。黙って行動に移すのが日本人の美徳ですし、ひけらかす気も毛頭ない。「給料を返上した」というトップの覚悟が社内に伝わっていけば、それでいいと思っていたんです。

しかし、黙って無報酬にすると、「何か変なことをやらかしたのか」と周りからの無用な憶測や誤解を生みかねません。そこで、社内外に宣言することを決めたわけです。

これは私の独断で決めたことですが、役員からは「我々も給料を返上する」という声があがりました。しかし役員全員が無報酬になったら、今度はその下の部長クラスまでが責任を感じて給料を返上しなければいけない雰囲気になってしまいます。全員が横並びで給料返上などとやったら、責任の所在もあいまいになる。また、彼らにも家族がいます。したがって無報酬は私のみ、あとは気持ちだけ受け取ることにしました。

トップというのは、会社が苦しいときは真っ先に苦しみ、順調なときは最後にいい思いをする。そういうものだと思います。

ただ、このとき会長だった室伏さんが「お前だけにやらせるわけにはいかない」と言ってきてくれました。彼ならトップとしての経歴もありますし、ケジメをつけるという意味でも不自然ではないと考えて、共に給料を返上したわけです。

ワイフにも、何も言っていませんでした。じつは新聞記者が家に取材に来たとき、初めてワイフはその話を知ったんです。ちょうどお茶を出していたんですが、このとき記者が「無給にされるんですって?」と切り出した。「それぐらいは当たり前です」と私が言ったら、ワイフは「エッ?」という顔をしました。記者もその反応を見て、「奥さんに言っていないんですか」と心配していました。取材が終わってから、ワイフから「本当なの?」と聞かれて「本当だ」と答えたんです。それで終わりです。

ただ一つ失敗したのは、税金のことです。だいたい私は普段からいくら給料をもらっているか知らないし、興味もない。ワイフに任せきりです。だから、前年の所得によって税金が引かれるなどということも、考慮していなかったんです。これは迂闊でした。給料を返上した上、さらに税金を払わなくてはならないわけですから、ワイフもさすがに呆れてやりくりしていました。

もっとも、業績が上回ったら報酬はしっかりいただきますと言っていたので、実際に二〇〇〇年七月から三ヵ月で無給期間は終了しました。

翌年は、連結で純利益七百五億円の過去最高益を達成しました。財務体質が改善されたことに加え、伊藤忠テクノサイエンスの上場に伴う売却益が大きかった。これは非常に運が良かったということでしょう。

それから、さらに不良資産を洗い出したんです。本当にもう机の中に損をしまっていないかどうか。「最後のバスが出るぞ。バスに乗り遅れたやつは一切面倒みない」という最後通告を出しました。すると、「じつはバスに乗れなかった」という不良資産が出てきて、二〇〇二年三月期にはそれをまた償却しました。この後、時価会計制度への対応に向けて動き始めたのです。

いずれにしても、私には「掃除屋」という言葉がピッタリです。もし、もう一度、数千億円規模の不良資産の処理という難題を突きつけられたら、やはり相当悩むと思います。

自分一人のことだったらそれほど考えもしませんが、家族や社員、伊藤忠の歴史を築いてきた先輩にどれだけ迷惑をかけることになるのか。それが自分の決断一つで決まってしまうことの怖さ。どれだけ悩んでも、なかなか結論の出るものではありません。

第四章

経営者を引き受けるということ

●株式会社は永遠ではない

第二次世界大戦後、日本経済はバブルが崩壊するまで発展を遂げてきました。この要因はいろいろ考えられますが、その中で一つの絶対的な価値観として根付いたのが担保至上主義です。銀行は、土地と株という担保をとって企業に融資する。あるいは、企業も担保をもらってまた別の企業に融資する。会社経営には、すべて担保がベースにあったわけです。半世紀の間、これは日本企業の一つの共通した価値観として、きわめて成功裏に終わりました。

しかし、バブルがはじけた後、この価値観は一挙に崩壊しました。バブルの崩壊とは、そのまま担保至上主義が崩壊したということです。その低落した担保という屑をまず整理しなければいけない。私が社長になって最初に考えたのは、このことでした。

不良債権をいくつも抱えていると、雪だるま式に損が増えていきます。周りが土地を持っていなければ上がるかもしれませんが、みんなが過剰に抱えすぎているから、整理しない限りずっと下がる。損が膨らむばかりです。一刻も早く処理すべきだというのは、ごく当たり前の判断だったと思います。

担保至上主義の崩壊は、企業活動における大変革です。株式会社ができてからの歴史の中でも、とりわけ大きな転換点となりました。ここでケガをせずに乗り越えるということは不可能です。ならば、できるだけ軽症で済ませなければなりません。

そのためには、ある程度の現預金を持っていることが必要です。何も持っていないで処理したら、真っ赤になって会社は倒産してしまいます。この見極めは難しいところですが、少なくとも、企業は「ケガをしないで済むように」と考えてはいけないんです。これではいずれ重体に陥ってしまう。

したがって経営者は、たとえケガはしても考えうる限りの軽症で済ませる判断をしなくてはいけません。すなわち、できるだけの範囲で思い切って処理する。これが不良債権処理の鉄則です。

話はずっと昔に遡りますが、株式会社というものは一六〇〇年、イギリスに東インド会社が設立されたのが始まりです。当時は一航海ごとの株式会社で、航海から戻ってくると解散していました。それから徐々に、出資者の有限責任という形が明確になってきたのです。つまり、出資者に損をさせても責任は有限ですから、経営者はそのままサヨウナラということもあるわけです。発足当初から、株式会社の大きな欠陥はここにありました。

それを防ぐために導入された重要な法制度のひとつが、企業会計公示制度です。最初に会社法で外部監査が義務づけられるようになったのは欧米の先進国で、十九世紀末のことです。「会計は経営の言語である」という言葉のとおり、会社は会計でコミュニケーションをとります。人間同士が話し合うのに言葉を必要とするように、会社は国際統一基準に基づいた会計制度を持って、初めて会社同士の会話ができる。さらに会計を公開することで欠陥を補い、株式会社は有効に機能するようになったんです。

こうした会社法が成立してから、まだ百二十年余りしか経っていません。つまり、株式会社が機能するようになったのは二十世紀に入る直前、まだわずかな歴史しか持っていないんです。

ここで言えるのは、たかだか百数十年の歴史しか持たない株式会社の組織が、永遠なものではないということです。

今すぐ崩壊するということではありません。しかし長い目で見たとき、これからどうなるかわからない。決して磐石ではないということです。もしかしたら、ＮＰＯが取って代わるかもしれません。少なくとも今後、どう変化していくかわからない。

いずれにしても担保至上主義が崩壊し、今までの絶対的な価値観が崩れ去りました。次に、それに代わるものは何か。企業はこれを模索している最中です。私自身は、新しいビジネスモデルを確立する以外にないだろうと考えています。担保至上主義が絶対でないことは、バブル崩壊で目の当たりにしました。今述べたように、株式会社組織とて、決して永遠ではありません。それならば、今後は経営の柱となるビジネスモデルを各企業が作っていかなければならないのです。

「How to make money」、つまり儲かる仕組みを作るということです。それなくして、担保至上主義に代わるものはありません。我々の融資の対象も、事業収益や将来の見通しを含めたビジネスモデルがベースになっていくのではないかと思います。

●「クリーン、オネスト、ビューティフル」

もっとも、そうした新しいビジネスモデル、つまり収益構造を変えていく必要性を考えるようになったのは、社長になってから二、三年後のことです。それ以前は、前述したように不良資産の処理に真っ先に取り掛からなければと思っていました。加えて、経営改革の第二段階として経費削減、さらには社員の意識改革を第三段階に据えていたわけです。

経費削減については、不良資産だけではない、人員、経費、その他すべてにおいてバブルが膨らんでいたためです。どうやって身の丈に合わせたレベルに持っていくか。本当に必要なものを一〇〇とするなら、当時は伊藤忠に限らず、日本の一流企業の多くが一二〇とか一三〇といった具合に余分に持っていました。その分、金利もかかります。今度は買ったものを売らないといけない。一斉に全体の需要の三〇パーセントくらいを売りに出すから、一気に価値が下がるわけです。

今の中国も、バブル崩壊前の日本と同様、持ちすぎ、買いすぎの印象があります。どこかで頭打ちになったとき、一気に崩壊する可能性があります。

　このときは、スリム化が一つの勝敗の要になります。相手が一年で一〇〇の経費がかかるなら、自分は九〇で終わるようにしなければいけません。たとえそこでは一〇の差しか生まれなくても、十年経ったら一〇〇の違い、つまり一年分の経費の差が出てきます。九〇の経費で抑えたほうが生き残る。同じように、九〇よりも八〇、七〇のコストに抑えた企業のほうが強いということになります。もっとも、減らしすぎてその場で死んでしまったら意味がない。食べるものを食べないと今度は逆効果です。そうしたバランスを考えながら、伊藤忠の場合は関連会社の整理統合などを行っていきました。

　もう一つの要諦となる意識改革については、どんなに不良債権の処理をしようが、新しいビジネスモデルを確立しようが、それを動かす人間が正しい倫理観を持たなければ、何をやってもうまくいかない、という考えです。したがって私は「クリーン、オネスト、ビューティフル」と社員に言い続けているわけですが、どんなにこれを経営方針で掲げても、社員が本当に理解してくれなければ、ただのお題目で終わってしまいます。

　そうならないためには社員との対話を繰り返すこと、そしてトップに立つ人間こそ、「クリーン、オネスト、ビューティフル」を率先垂範していくことです。

　ただ言っているだけではダメです。部下は上司の背中を見て判断します。社員はトップの背中を見て判断する。だから経営者は嘘をついてはいけません。たとえ周りに誰もいなくても、社員全員が背中を見ているんです。

ある一流企業の社長室に〝汗出セ、知恵出セ、モット働ケ〟という額がかけてあります。社員のいるフロアではなく、社長室にかけてあることに意味があるのです。社長室を来訪するような経営のトップこそ〝モット働ケ〟と、社員が背中を押しているように感じました。日本の全企業の社員から各社長への、本音のメッセージではないかと思います。何百万の目玉が社長の背中を見ていることを忘れてはなりません。

たとえば電車通勤をすると言ったなら、雨が降ろうが槍が降ろうが電車で出勤する。給料を返上すると宣言したなら、かならず実行する。これを陽明学では「知行合一」と言います。私がよく口にする「言行一致」と同じようなことです。

また、孔子は「食」(=食料)と「武」(=武器)と「信」(=信用)を治国三要と言っています。このうち、最初になくなってもいいものは武器です。次は食料です。最後に残さなければならないのは信用だと言った。「信なくして国立たず」というわけです。同じように、信なくして会社は立ちません。つまり経営者が社員の信頼を得られなくては、会社は成り立たないということです。

もし「あいつは言うこととやることが違う」「嘘をついている」ということになれば、会社の信用にかかわります。また社員の信用も失ってしまいます。企業にとって一番大きなものは、儒教のいう五常「仁、義、礼、智、信」の一つである「信」なのです。

少々堅苦しい話になりますが、「信」は、また「仁」につながります。周りから信頼される企業でなければ、仁の心は持ち得ません。私は、人のため、社会のため、国のためにならない仕事は絶対に繁栄しないと考えています。株式会社が今後変化していく可能性があると私が言うのも、こうした側面があるからです。「信」がなければ「仁」につながらないように、周囲に対して「仁」がなければ「信」も生まれてこないのです。

したがって、一時的に儲かったとしても、またそれを他の企業がやって儲けていたとしても、人のため、社会のためにならない事業は確固とした信念を持って「やめろ」と言う強さを持つ必要があります。この決断はトップにしかできません。つねに自分の倫理観と照らし合わせて、自戒していかなくてはならないのです。

●日本企業は自律自省の精神を持て

アメリカのように、コーポレートガバナンス上、社外取締役を置く企業も増えてきました。私はこれを他律他省と言っています。つまり自分のことを他人が律して他人に反省を求められるということです。しかし古来より、日本には自律自省の精神がありました。「恥を知れ」というのもまさにこれで、自分を戒め、恥を知ることが美徳とされてきたわけです。欧米との決定的な違いはここにあると私は思います。

欧米の経営者の中には、引退後に贅沢三昧の生活を送る人も少なくありません。日本ではこうはいかないでしょう。やはり根底に恥の文化があるからです。

もっとも最近は、日本にも恥の概念がなくなってきました。電車で化粧をしようが何をしようが、平気な顔をしている。これはじつに嘆かわしいことです。

しかし少なくとも、企業の経営者はこの恥を知る必要があります。自律自省、すなわち倫理観を持って経営判断を行っていかなければなりません。

大きな利益をもたらす事業というのはすべてがきれいな仕事とは限りませんから、我が社の場合も、前述したように法律に反しないか、社会的な問題はないか、道義にもとることはないかをその都度、徹底して確認を行います。

それでも企業の中では、トップの目の届かないところで不正をはたらく人が出てくるでしょう。浅知恵を出して隠蔽しようとか、あるいは自分の立身出世のためだとか。

私はよく「動物の血」という言葉を使いますが、人間ですからこの可能性はゼロにはならない。だからこそ、経営者はつねに社員と対話を繰り返し、言行一致を貫かなくてはなりません。これは並大抵の努力でできることではないんです。「クリーン、オネスト、ビューティフル」と言うのは簡単ですが、経営者もまた人間ですから、完璧に実践していくのは非常にしんどい。私が自らの任期を六年と決めたのも、そうした側面があったからです。

●不自由を常と思えば不足なし

経営者が強く正しい倫理観を持つということは、資本主義経済の中でもきわめて重要な役目を果たします。資本主義というのは、弱肉強食の一面があり、放っておくと非常に横暴な、悪の巣窟になりかねない。欲深さを捨てられないのが人間の業であるように、資本主義の業というものもあるわけです。マックス・ウエーバーは『プロテスタンティズムの倫理と資本主義の精神』の中で、宗教が資本主義における一つの支えになると著しています。つまりピューリタニズム（プロテスタンティズム）の倫理が資本主義の〝業〟をチェックする役目を負っているということです。

二十世紀に入ってからは、社会主義がこの役目を負ってきました。つまり、ロシア革命が成立する前後からは、社会主義がプロテスタンティズムに代わり、資本主義の生理である欲望の膨張と肥大化をチェックする役目を負ってきたのです。社会主義のチェック＆バランスによって、資本主義体制が正しく発展してきた側面があります。しかし社会主義体制が全面的に崩壊した一九八九年以降、資本主義は暴走を続け、ついには崩壊してしまう危険性を秘めています。

これを抑えるのは何かと考えた場合、マックス・ウエーバーのいう宗教もその一つだとは思いますが、これはすべてを同一視できるわけではありません。となると、やはり人間の根底的な倫理観がチェックの役目を果たしていかなければならないでしょう。繰り返しになりますが、日本にはもともと、謙虚に慎ましやかに生きることを美徳とする精神的風土がありました。資本主義の暴走に歯止めをかけるために今もっとも求められているのは、こうした謙虚さや自律自省といった倫理観にあると思います。

しかし人間ですから、自律自省の精神を持ち続けることは決して簡単なことではないんです。紀州藩の藩主だった徳川頼宣は、悪いことをしてお師匠さんにつねられ痣をつくった。そして彼はこの痣を見るたびに自戒の気持ちを持ったといいます。また、痣が消えていくにしたがって、この自戒の心も薄らいでいってしまったと反省もしています。ですから、人間が倫理観を持ち続けるためには、何らかの痣となるものが必要なのです。

私が社長になっても会長になっても電車通勤を続けているのは、こういう意味合いもあるのです。六年経ったらタダの小父さんですから、最初からタダの小父さんの生活を続けていたほうがいい。これも一つの理由です。しかしもう一つ大事なのは、満員電車に乗る生活を続け、世間の目線に合わせることによってつねに自戒するという点です。前にも言いましたが車内に押し込められて蒸し暑い思いもするし、傘をくっつけられて冷たい思いもする。だけど社員は皆、こうして通勤している。どうして私だけ空調の効いた運転手つきの車で出勤していいのか。社長になったからといってそんな生活を続けていれば、強欲や傲慢、不遜といった人間の業はいずれ増長していくでしょう。倫理観をいつの間にか忘れてしまうようになるんです。

「不自由を常と思えば不足なし」。これは徳川家康の言葉です。不愉快な思いをして「この野郎」と思うこともありますが、これが普通の生活なんだと思えば、文句は言えません。電車通勤が私にとっての自戒の場、つまり経営者として倫理観を忘れないための痣となっているわけです。

経営者というのは、私の言葉で言うと「経営の信用受託」なんです。したがって、そこに信用される要素、私に言わせると倫理観がなければいけません。また、経営者には会社法でいえば管理義務、民法でいえば善管注意義務がありますが、これは強制法規ではないから罰則はありません。しかし罰則はなくても義務が課せられているということは、それだけ倫理観が求められていることの何よりの証明でしょう。だからこそ、信用受託を受けた経営者は、アメリカの真似をして社外取締役を置くというような他律他省ではなく、自らを戒めて倫理観を持って仕事を遂行していかなくてはなりません。

私のいう「クリーン、オネスト、ビューティフル」は、こうした諸々の背景から生まれてきたものです。使い古された言葉かもしれません。でも、「汚いことはするな、法律違反は絶対ダメ、言ったことはきちんとやれ、嘘をつくな、卑しいことをするな、品性を保て……」などというと、文章が長い。長い文章でいいなら、もっと別の言い方があるかもしれません。しかしそうなると今度は言葉遊びのようになるし、スッと頭に入ってこなくなる。

したがって、私は自分自身にも社員にも、ひたすら「クリーン、オネスト、ビューティフル」と言い続けてきました。

こうした倫理観の骨格になるものは、武士道精神だと私は考えています。ここには「君臣、父子、夫婦、長幼、朋友」という五つの倫理があります。これを破ると不倫になる。何も男女関係だけをとって不倫と言ったのではないのです。

また、それを理論的に支えたのは『論語』です。その中に、とくにリーダーの条件とした九つの徳目というのがあります。「温（人間的温かみ）」、「良（人の美しさ、正直さ）」、「恭（仁とともにある慎み深さ）」、「倹（質素であること）」、「譲（礼儀正しさ）」、「寛（厳格とともにある寛容）」、「信（信用と信頼）」、「敏（すばやい対応）」、「恵（浪費とならぬ施し）」。温・良・恭・倹・譲・寛・信・敏・恵の九つです。

この九つの徳目と先にも出た五常「仁・義・礼・智・信」は、経営の根幹になる倫理を教えてくれると思います。

日本人は、こうした精神をずっと学んできているんです。その意味では、欧米人と精神構造が大きく異なっているのは確かです。後に述べるように、お金に対する考え方も、アメリカと日本とでは違います。これからの日本企業の経営を考える上では、こうした自律自省の精神がきわめて重要になってくるでしょう。

●新たな収益構造を見出せ

さて、話を経営改革に戻しましょう。これまで日本企業を支えてきた担保至上主義が崩壊し、そのおが屑、つまり不良債権を処理しました。経費削減も実行に移しました。この二つにまだ足をとられている企業も少なくありませんが、伊藤忠について言えば、ほぼ完遂していると言えます。

今後、日本企業の正念場となるのは、人の意識改革と新たな収益構造を創出することでしょう。これが成功しなければ、二十一世紀の日本はありません。

つまり、担保至上主義で利益を積み上げてきた企業が、これから何を収益の基盤にするのか、何を価値観のベースにするのかということです。

それはアメリカの真似をしてもダメ、欧州の真似をしてもダメで、日本オリジナルのものを構築していかなければなりません。もっと言えば、各企業オリジナルの収益構造を作り上げていかなければならないでしょう。

たとえば自動車メーカーと商社、あるいは同じメーカーでも化学工業と鉄鋼といった具合に、企業によってどう儲けるかはまちまちだと言うことです。これは経営の本を読んでもわからない。誰も教えてくれません。経営者自らが考え、舵取りをしていかなくてはならないところに、難しさがあるんです。

一つ言えるのは、価格だけの競争はすでに終わったということです。コモディティ（技術に差のない価格が勝負の素材原料等）の市場はすでに中国を中心としたアジアに移行しています。品質に明確な差がないのなら、値段が安いほうがいいわけです。この点では日本はもう勝負できない。コモディティで唯一勝負できるのは、新鮮さが追求される生物《なまもの》の分野でしょう。新鮮さが絶対条件になるようなモノは日本で作らざるを得ません。しかし、それ以外は値段ではすでに勝負できないわけです。

たとえ新製品であっても、デジカメや液晶などは輸出を中心に市場が拡大していけば、いずれ技術が行き渡り、コモディティ化するでしょう。ではどこで差をつけていくか。それはより技術を必要とするモノ、より品質のいいモノ、他では作れないモノということになります。

伊藤忠では、こうした価値ある商品を先端技術によって実現させようとしています。これは一つのビジネスモデルになるでしょう。つまり、先端技術でもってモノづくりの力を確立し、貿易立国を継続するということです。そこで初めて日本企業は新しい貿易の世界を切り開いていくと思います。

担保至上主義というのは、ある意味できわめてイージーな経営でした。土地は何十年と下がらなかったわけですから、誰が買っても儲かった。しかし、これからはそうではありません。日本企業は高付加価値の商品を作ると同時に、どんどん海外に進出し所得立国化をも目指すべきだと私は考えています。

●戦後日本の第二幕が始まる

これには、もちろんＦＴＡ（自由貿易協定）をめぐる世界的な貿易環境の問題もあります。しかしもう一つ、日本が大きな価値観として持たなければならないのは、世界の平和に貢献することです。世界が平和でないとそもそも貿易立国は成り立たない。また食料やエネルギーの輸入など、あらゆる面で日本は世界中の国々からの恩恵を受けているわけです。したがって日本も、世界の国々と平和な関係を作っていく意識を持たなければなりません。その観点からいうと、最近の韓国の反日法などは相当問題になってきます。

韓国に限らず、アジアとの友好関係を日本は考えていく必要があります。アメリカ一国と仲良くやっているだけではきわめてリスクが高い。日本の輸出は、昔はアメリカが三割を占めていましたが、現在では二四、五パーセントに落ちてきています。ところが中国などのアジアに対する輸出は、今はアメリカを凌ぐ割合を占めているんです。

これまでは、何だかんだと言っても対米追従でした。しかし、これからはアメリカ一辺倒では済みません。また、戦後の経済を立て直すために、日本は様々な輸入規制を行ってきました。世界の中でも優遇されてきた甘えっ子なんです。

加えて、国内では担保至上主義で、誰がやっても右肩上がり。そんな具合に非常にいい時代を謳歌してきました。政治的にも経済的にもアメリカに甘えてやってきた。それを自分の力でやってきたと思うのは大間違いなんです。

今は戦後日本の第二幕と言ってもいいでしょう。経済は永遠に右肩上がりではなくなりました。この価値観の崩壊に代わる、自分の立脚点を持たなくてはいけません。政治的にも、今までと同じようにアメリカの傘下に安穏としていられる状況ではない。繰り返しになりますが、そこで必要なのは世界各国と平和な関係を築くことです。これをアメリカではなく、自分の力でやっていかなくてはなりません。

今後、資本主義はアメリカのユニラテラリズム（一国支配）がより鮮明になってくるでしょう。

政治的にも経済的にも、情報力という点においても圧倒的な強さを持っています。中国が発言権を強めているといっても、アメリカと日本のGDPが世界の半分を占めている状態で、中国はアメリカの十分の一に過ぎません。日本は世界の一五パーセントのGDPを占めており、中国の三倍から四倍です。こうした中で、日本がアメリカに対してどのような態度をとるのかがきわめて重要なんです。

あくまで一般論ですが、アメリカは非常に傲慢な国だと言えます。世界的な批判を浴びつつあるのも、政治的・経済的に強者であるアメリカ政権の驕りのためです。これをチェックするだけの力を持った社会主義国はすでにありません。ひとたびアメリカが「悪の枢軸だ」と思えば、それを力で押さえつけようとする。反米勢力はそれこそ窮鼠《きゅうそ》猫を噛む思いで飛び掛る。これが世界の混乱を引き起こしているんですが、当のアメリカはこれを自覚していません。自分が傲慢になっているから見えないんです。

二十一世紀の世界は社会主義イデオロギーの消滅後、こうしたローマ帝国以上の巨大な力を持つアメリカ支配の中で、人種・民族・部族・宗教信仰という原始的な対立が各地で噴出するでしょう。世界はこれらのバランスをとる新しいイデオロギーを求めているのです。したがって、今こそ日本はアメリカに対してモノを言わなくてはなりません。国内産業を発展させるためにも、世界平和に貢献するためにも、自分の力で考え、発言していくという覚悟を持たなくてはならないと思います

●中間層を大切にせよ

また、日本においてモノづくりの力を発揮するには、中間層を大事にしなければなりません。今、所得の二極分化が起きつつあります。一部の経営者クラスというと何億円の収入があって、もう一方の低所得者層は二百五十万円や三百万円で生活している状態です。これに年金や増税問題などが絡み、日本全体が社会不安を抱えるようになりました。凶悪事件や自殺者が増えているのを見てもわかるように、明らかに社会は悪い方向へ進んでいきます。

今、ニート（Not in Employment, Education or Training）が社会問題化しています。職業に就いておらず、学校にも行かず、職業訓練も受けていない無業者が二〇〇五年には約八十七万人に増えると言われています。いろいろの理由が背景にはありますが、企業では正社員をどんどん減らし、パートやアルバイトでその分を賄うようになってきました。人件費が安く済むからです。正社員との給与格差が広がることが問題なんです。富める者はますます富み、そうでない者はいくら働いても収入が増えない。これではニートもますます増えてしまう。二極分化を加速させている原因です。

むろん、こうした差別がほとんどないのは競争原理上よくないことですが、かといって大きすぎるのも問題でしょう。日本は今、非常に際どいところに来ています。今までの日本の予算は世界一の社会主義国だと言われるほど、中間層に厚いものでした。戦後の日本社会は突出した人間を作らないようにしてきたわけです。しかし今、この価値観が大きく変わってきています。金持ちには優しく、中間層には厳しく低所得に追いやる。

たとえば現在、消費税率のアップは必至といわれていますが、消費税は貧富の差なく課税されるものです。

二〇〇三年の財務省資料によれば、日本全体の七二パーセントを占める中小・零細企業就業者の一人当たりの人件費は、過去六年間の統計で、全従業員の五一パーセント（中小企業）の人が九パーセント、二一パーセント（零細企業）の人が一五パーセントも下がっています。その一方で、大企業の社員は平均〇・五パーセントしか下がっていません。また別の日銀資料によれば、貯蓄（金融資産＝銀行・郵貯預金、有価証券、保険）ゼロの世帯が二三パーセントにもなってきている。ここに消費税の大幅アップがくれば、中間層や低所得者層にとっては大変厳しい時代の到来ということになります。階層の二極化は、さらに一層進むことになると考えられます。

こうした社会構造の変化と少子高齢化という人口構成の激変が伴う日本経済の将来、それ以上に日本の将来の「姿」を、政治家はもちろんのこと、われわれ経済人もよく考えて経営に当たらなくてはなりません。

中間層が減るとどうなるか。一生懸命働いても収入が一向に増えないのであれば、努力して高いクオリティの商品を生み出していこうという向上心は生まれてきません。必然的に、日本のモノづくりの力が失われていくんです。

もう一つ、低所得者層が増えれば、消費も価格重視になっていきます。ウォルマートのようにエブリデイ・ロー・プライス、品質よりも価格というアメリカ型の消費傾向に近くなっていく。

これまで日本の中間層は、よくも悪くも商品に対して厳しい存在でした。パンに少しくらいカビが生えていたって、そこだけちぎって食べればいいと私などは思いますが、日本の中間層はそうではありません。賞味期限にもチェックの目を光らせている。日本の技術が進歩していったのは、こうした口うるさい消費者のおかげなんです。少しでも不備があれば消費に結びつかない。だからこそ、メーカーはより品質の高いものを生み出していくことができました。

もちろんそこには技術者の力量があるとは思いますが、決してそれだけではありません。誰が技術者にそこまでの品質を求めたのかといったら、中間層である消費者なんです。アメリカ人なら、少しくらい不都合があったって安ければ文句は言いません。したがって日本の場合、中間層の消費水準の高さが技術をプッシュアップしていった側面があるわけです。

こうした中間層が減り、低所得者層が増えていけば、今まで日本の技術を支えてきた力を削ぐことになります。私が中間層を大事にしなければいけないというのは、こういうことなのです。

言うまでもなくモノづくりの力がなくなれば、担保至上主義が崩壊した今、日本の経済的立脚点はありません。中間層を大事にして技術水準を高め、それを海外に輸出していくという構図を、これからの日本は考えていかなくてはならないのです。

経営者の方々には反対意見も多いと思いますが、独断と偏見で少し思い切って申し上げれば、そもそも、金持ちを優遇してどうなるというのか。もっと彼らから税金を取ってもいいと思います。アメリカの後を追いかけて大金持ちができるかといったら、そんなことはありません。そんなことは日本の社会が許さないでしょう。アメリカは異民族、異文化、異宗教の世界ですから、それを支える共通の価値観はお金に重きをおくことになるでしょう。しかし日本は島国で同じような民族、同じような文化の中でずっと生活してきたわけです。同じような価値観を持っていることが前提にありますから、突出した金持ちの存在を受け入れる素地ができていない。

したがって、金持ちには厳しい税制を敷いて、嫌ならアメリカでもどこでも住んだらいいということになります。また北欧のように社会保障や福祉を充実させて、中間層に優しい社会をつくれば、それが今後の産業の発展につながります。

二極分化して低所得者層が増えたら、中間層が減って個人消費も落ちるでしょう。限られた一部の金持ちが使う金なんて、たかが知れています。胃袋は一つだし、金ぴかの洋服をそんなに揃えられるものでもありません。揃える人もいるかもしれませんが、いずれにしても二極分化が消費支出を縮小させていくことは想像に難くありません。

●商社マンには相場をやらせろ

さて、そうした状況の中で商社とは、あるいは商社マンとはどうあるべきか。先ほど意識改革の項でも述べたように、やはりどんなに立派なビジネスモデルを確立しようと、それを動かす「人」の部分がしっかりしていなければ、効果は発揮できません。

伊藤忠では、会社が大きくなるにしたがって社員が官僚的になってきているように思います。もともとは若い人に様々な仕事を任せる会社で、どこか破天荒なところがありました。財閥系商社に比べて野武士的なイメージがあったのも、このためでしょう。組織に巻かれて四角四面の考え方をするような官僚的思考は、きわめて希薄でした。

ところが、組織が大きくなっていくにつれて、お殿様みたいになってきたんです。よく言えば洗練されて、野蛮なところがなくなったということでしょう。しかし逆に言えば、野武士のような荒々しさや気合が失われて、宮仕えのように優雅になってきた。誰と話しても同じような答えが多い。最近の学生もきちんとトレーニングされているのか、型にはまった受け答えしかできないんです。もう少し面白おかしく、型破りな人間がいてもいいのではないかと思います。

こうした部分をひっくり返さないといけない。そのためには、商社マンに相場をやらせるのが一つの方法だと私は考えています。

伊藤忠に限らず、ほとんどの商社では今、相場をやっていません。八〇年代前半からヘッジする方向になって、自然に行われなくなってきました。また、八五年のプラザ合意によって為替で大損していますから、羹《あつもの》に懲りて膾《なます》を吹くという状態になったんです。相場をやらせるのは非常にリスクがあるし、博打だと見なされるようになってきたわけです。

しかし、相場は博打とは違う。ヤマ勘ではなく、科学的に分析してやるものなのです。相場の世界には「森羅万象売りか買いか」という言葉があります。私がニューヨークに駐在していたときもそうでしたが、スターリンが死亡した、ケネディが殺された、あるいはニクソンが大統領を辞めた、こうした現象は、すべて売買の材料になる。世界で何かの事件が起こっても売りか買いか。日本の首相が交代しても売りか買いか。何につけても売りか買いかを考えるわけです。

今になって思えば、こうした訓練は経営のリーダーとなる者にとって非常に重要だったと思います。様々な情報を集めて分析し、決断を下す。経営者に必要な決断力は、相場によって養われたと言っても過言ではありません。

しかし、今はその場がなくなってしまいました。これは決していいことではない。もちろん企業にとってのリスクも大きいでしょう。したがって、ある一定の限度を設ける必要はありません。私自身が相場をやっていたときも、決して青天井というわけではありませんでした。かなりの権限はありましたが、それでも会社には毎日必ずリポートを提出していました。だから、「ここまで」という限度を設けて相場をやらせるべきだと思います。

これはいい訓練になります。絶えずそうした緊張感を持って仕事をしていかないと、何が起きてもノホホンと構えてしまうようになる。全部ヘッジされていてリスクがないのなら、誰だってそうでしょう。宮仕えでも何の疑問も持たなくなるわけです。

リスクとプロフィット（利益）はコインの裏表です。リスクが大きければそれだけ儲かる。低ければ儲からない。リスクがほとんどなくて大儲けする話など、まずありません。損失の可能性が大きい投資が増えるとアナリストの評価も下がりますから、会社はそうしたものに手を出さなくなっていったんです。しかし目の前のリスクを恐れて尻込みしていれば、いずれもっと大きな損失につながる。つまり、将来の人材育成の損失です。長期的な視点で見れば、こちらの損失のほうがよほど重大ではないかと私は思います。

●価値観、評判、金の匂い

商社マンとしての人材をどこで見極めるか。私の場合、三つの基準があります。一つは、自分の意見をはっきり言える人です。ある一定のレベルとかある程度の年齢までは、言われたとおりのことをやるだけでもいい。しかし、自分で判断していかなくてはいけない立場になったときは、自分の意見がないとどうにもなりません。カッコイイ言い方をすれば、確立された価値観を持っているということになるでしょう。

もう一つは、お客様からの評価が高いということです。当社の場合でも「おたくの○○さんは素晴らしい」と評価してもらえることがあります。たまに、海外に出張した社員が取引先にバンバン会社のお金を使ってご馳走して「あの人には世話になった」と言われるケースがありますが、これは違う。そもそも会社のお金であって、社員の金ではない。そうした金銭面ではなくて、実際に相手のためになることを考えて仕事をしている人は、複数のお客様から高く評価されるのです。これは、会社にとって金銭には代え難い財産です。

そして最後は「金の匂い」がするかどうかです。若いときはともかく、年齢を重ねてきたら金の匂いがしなくてはダメです。とくに商社の営業マンとしては必要な要素でしょう。

これは、言葉ではうまく説明のつかない部分です。前提としては、まず定量面でのバックアップがあります。たとえば役職について以来、ずっと儲けている実績があって、それはどこに異動しても大きな変動はないといった具合です。異動になった途端に、その人が就いた部署の業績がグッと上がる。どうして風向きが変化したのかは説明のしようがありません。もちろんツキもあると思いますが、それも匂いの一つです。

また、ともかく新しい仕事を作り出して、積極的に儲けようとしていることも匂いの一つとして上げられるでしょう。もちろん悪事をはたらくわけではありません。正当なビジネスの範疇で、貪欲にそれを成し遂げていこうとする人です。

どんなに役職が上がって自分の守備範囲が広くなったとしても、たえずお金の管理をきちんとしているという一面もあります。私は「金から目を離すな」とよく言いますが、どこから来た金でどこに使われているのかをしっかり把握するということです。ちなみにこれは、今の日本政府に一番求められている点でしょう。国債による金なのか税金から来たものなのか。そして、それをどこに使っているのか、誰もきちんと把握していないし、責任も持てない、それがいまの日本です。

話を戻しますと、お金の流れについてしっかり管理している人は、「金の匂い」がするんです。このように「匂い」は様々な前提の上で成り立っています。逆に匂いがしない人は、いつも損しているか利益が小さい。実力によるものなのかどうか、こればっかりは検証のしようがありません。

こう言うとわかりやすいかもしれません。官庁にはまず金の匂いがする人はいない。もっとも、組織には金の匂いがしない人も必要です。管理型のポジションなどはそうでしょう。リスクを考えずに大きな仕事をやろうとする人を「こいつは金の匂いがし過ぎる」と、チクリとやる人間も必要なのです。

「形式知」と「暗黙知」という言葉があります。形式知というのは、言葉できちんと説明したり表現したりできる分野のことです。それとは逆に、暗黙知というのは言葉では説明しにくい情報や知識のことです。長年の経験から得た直感やイメージと言ってもいいでしょう。日本人はどちらかというと、形式知に弱い。言葉で論理的に説明するのではなく、以心伝心や阿吽の呼吸といったもので物事が成立することが少なくありません。感覚的なもののほうが優れているのは、詩歌文芸が発達しているのをみてもわかるでしょう。

たとえば、三菱自動車の欠陥車隠しの場合でも、現場には「何かおかしいぞ」と感じた人がいたと思います。技術力に対する驕りとそれを言い出せない空気など諸々の要因が重なって、結果的に惨事を引き起こしてしまったわけですが、それ以前に「何となく」違和感を持っていた人がいたはずです。しかし論理的には説明できない。これは「暗黙知」です。

金の匂いというのは、この暗黙知をさらに超えたものと言えるでしょう。「何となく」という感覚だけではなく、前述したように定量的なものや金の管理能力といった裏づけがあるからです。形式知と暗黙知が折り重なったところに、初めて「金の匂い」がするのだと思います。

いずれにしても、トップに立つ人間はこの「金の匂い」がするかどうかが大切です。頭の善し悪しだけでトップを選ぶものではありません。どんなに頭が良くても金の匂いがしなければ、貧乏会社になってしまう。

それなら匂いのする人間を参謀につければいいのではないかと思う人もいるかもしれませんが、それもダメ。なぜなら、最終意思決定はトップが行うからです。どんなに匂いを持った人が戦略を考えても、金の匂いがしないトップの判断で一蹴されかねません。それより頭の良い人が戦略を練って、金の匂いのするトップが「よし、これで行こう」と決断するほうが、よほど経営はうまくいくと思います。

では、私自身を振り返ってみてどうか。これを考えると、経営者としては金の匂いがしたかもしれません。でも個人となると、からっきしダメでした。個人で買ったゴルフ会員権も金《きん》も、それに株も、一つとして儲かっていません。

「あなた、よくこれで経営できますね」とワイフには言われていました。「いや、会社のことばかり考えているから、個人では適当にやっているんだ」と言うと、「そんなものは理屈に過ぎない」とやり返される。私はいつもワイフのことを社外取締役だと言っているのですが、じつに厳しい。ちなみに、二〇〇〇年度に三期ぶりの復配を果たしたとき社員に慰労金を支払ったのですが、その妥当な額をアドバイスしてくれたのもワイフでした。世間の常識の代表です。だから社外取締役というわけです。家では、ワイフに頭が上がりません。

第二部　決断する力を養う

●第二部章扉写真解説

第一章　1962年3月、名古屋大学法学部卒業を記念して撮られた、母・蔦江さんとの珍しいツーショット。（提供・著者）

第二章　アメリカ中西部の穀倉地帯で、大豆の育成状況について農場主から説明を聞く。現場に足を運ぶことの大事さを痛感させられた1974年頃。（提供・著者）

第三章　会長職へ一歩退いても、社内メールには毎日必ず目を通し、状況把握と的確なアドバイスを怠らない。（撮影・山田高央）

第四章　「仕事と人生」をテーマに年約30回開催が予定されている、丹羽経営塾ともいえる青山フォーラムの開会で、その目的を熱く語る丹羽会長。（撮影・山田高央）

第一章
本屋さんの息子

●「全優」だった小学校時代

私が育ったのは、名古屋市西南部の先端、下之一色町という町です。伊勢湾へと続く新川と庄内川に挟まれており、昭和三十四年の伊勢湾台風でかなりの被害を受けた地域でした。我が家はこの町で唯一の本屋で、「正進堂」という屋号でした。私が物心ついた頃には祖父が経営していました。

いつ頃本屋をはじめたのか、兄（洋二）が調べてくれた記録によると昭和二年です。その前は江戸末期か明治初期に当地に移り花屋をやっていたようです。第二次大戦の空襲ですべて焼失してしまい今となっては詳しいことはわかりません。

私の先祖はもともと百姓だったと思っているんです。しかし祖父があまりにも体格や立ち居振る舞いが古武士風でしたので、遡れば、羽柴秀吉の盟友だった丹羽長秀の流れを汲んでいるんじゃないか。長秀が百姓の女に産ませた倅の何代目かが、この町に下りてきて花屋―本屋を始めたんじゃないか。私は冗談っぽくそう思っています。

空襲で家が焼けたのは、終戦直前でした。私は小学校に上がる前で、岐阜にあるおふくろの実家へ疎開していました。瑞浪市という陶磁器の町。おふくろの実家は「山九」という屋号で、輸出用の陶磁器を手掛けていました。今でも続いています。

終戦を迎えてから、親父は比較的早く名古屋に戻って家を建てました。自分で通信機器の販売会社をつくって、栄町という名古屋の中心地に事務所を持ち、それで本屋のほうは祖父がやっていた。私は岐阜の小学校に入学したのですが、一学期の半分ほどしか行かず、すぐに名古屋市立正色小学校という地元の学校へ転入しました。

当時、私はいつも「本屋さんの息子」と言われて、どこへ行っても何をしても、すぐにバレたんです。模範生でなくてはならず悪いことができなかった。絶えず誰かに見られている感じがして、「こんな窮屈な環境はない」と思っていました。一刻も早く、こんな環境から逃げ出したい。そんな思いにかられていました。

もっとも、小学生のときはそうした感覚はまだなく、真面目でした。これといって勉強した記憶はありませんが、小学校では六年間ずっと成績が〝全優〟です。

ただし、これには絶対にえこひいきがあったと思っています。というのも、実家である本屋は、小学校・中学校と合わせると六つぐらいの学校の教科書販売権を持っていて、先生がしょっちゅう出入りしていました。私は先生方の素顔を垣間見ることも出来たので先生たちも情が移ったんだろうと思います。

また、この町は昔から漁業が盛んで、漁師町独特の荒っぽい雰囲気がありました。友達の親父さんが漁業協同組合の組合長だったりして、物心ついた頃から、早朝にリヤカーを引く音とか、魚を運ぶ車の音が聞こえていて、非常に気の荒い活気のある人たちが多かった。まぁ、要するに子どもたちもあんまり勉強をしないわけです。その中で唯一の「本屋さんの息子」だから、勉強が出来て当たり前というように見られていたんだと思います。

周りに悪ガキ連中が多いから、親は友達とあまり遊ばせてくれず、いわゆる「ガキの遊び」というものを私はほとんど知りません。野球など、今でもルールがよくわからない。でも、当時から私は悪ガキ連中とも優秀なグループとも、両方友達として付き合っていました。そうした面は今でもあります。

そのせいか、中学に上がると「まとめ役」になることも少なくありませんでした。進学したのは、一色中学という、これも地元の学校です。今から思えば子供らしいワルも非常に多くて、三年生くらいになって、ちょっとおとなしい先生だと、どこの学校でもあることですが生徒がギャーギャー騒いで授業にならないんです。

それであるとき、先生が私に涙を流さんばかりに頼んできました。

「丹羽君、頼むから、ひとつ、授業の前に皆をおとなしくさせてくれ」

私が学級委員をやっていたというのもあると思います。私は「なんだ、先生というのはこれくらいのこともできないのか」と思いつつ、騒ぐ生徒に「おい、お前ら、静かにしろ」と言って、クラスをまとめていました。

正義感も強かったし、今考えると、こうして皆をまとめた経験が、多少なりとも将来の学生運動につながっていったのかもしれません。

なぜワルともインテリとも付き合えたか。これは多分に、私自身の良い加減な性格によるところが大きいと思います。

思い返せば、私は小さい頃から本当に良い加減でした。父親の年齢を聞かれてもわからず、本当は四十五歳なのに、平気で六十歳だと答えるような子どもでした。「たいして変わらんだろう」というぐらいにしか思っていなかったんです。いまだに両親の誕生日を知りません。当然、年齢も覚えていない。自分の結婚記念日も覚えていないくらいです。

こんな良い加減な性格でも、それなりに出来は良かったんだと自分では思っています。ただ、親父には人間に対する理想主義的なところがあって、「どこへ行ってもできるやつはできるんだ」と言うのが口癖でした。

この頃、優秀な子というのはみんな寄留《きりゅう》して、名古屋市内の有名な私立の学校に通っていました。でも我が家では、徒歩か自転車通学できる学校しか通わせてくれない。私は正色小学校に始まり、中学、高校、そして名古屋大学とすべて地元の学校に通いました。「寄留させてくれてもいいじゃないか」と不満に思う気持ちはありましたけど、親としては「こいつは目を離したら何をしでかすかわからない」というのが本心だったのではないかと思います。もっともそれは、今となっては正しい判断だったと言うほかありません。

●発禁本を読み、次郎物語に涙する

中学に入って、衝撃を受けたのは成績でした。小学校では一応全科目きれいに左側一直線の〝全優〟でしたから、中学でも当然そうだろうと思っていたんです。ところが、中学の成績というのは優良可じゃない。五段階評価で、しかも同じ教科の中に試験の結果だけじゃなく「授業中の態度」なんていう評価基準もあります。それで通知表を見たら「3」がある。エッ、3だって？　えらいこっちゃ。こんなに悪いのか。それ以来、通知表はほとんど私の記憶の外にいってしまいました。負けず嫌いなんですね、きっと。

この頃は、同級生に比べて私はませた子どもだったと思います。というのは、家が本屋でしたから、大人の本を読んでいるんです。中学生くらいになると、『夫婦生活』とか、さらにその上を行く男女の恋愛を描いた『アルス・アマトリア』とか。

そういう本は、すぐに発禁になって警察が回収に来ます。その前に私は全部読んでしまうんです。「これのどこが発禁なんだろう」と思いながら。

私は、幼いながらも「世の中というのはおかしい」と感じていました。警察が来て、発禁本を回収するでしょう。そんなもの、その場で焼却するとか切断するとかいうならわかります。でも、回収するだけ。

「きっと、持っていって宿直のときに読むに違いない。庶民が読むのを取り上げておいて、警察だけが読んでいいのか。おかしい、不公平じゃないか」

こう思っていたんです。もちろん、発禁本だけではなく、他の本も読んでいました。小学生のときは『世界少年少女文学全集』や『日本文学全集』。両親はあまり外で遊ばせてくれなかったから、店の本を片っ端から読むんです。きれいに読むことにかけては、天才的にうまくなります。読書に時間を要すると、新刊書のページに空気が入って本が膨れてくるから、シュッシュッとページを素早くめくって読みます。読んだら元通りに本棚に戻して、それを売るのです。『世界少年少女文学全集』なんて、もう血湧き肉躍るようなドキドキした感じで読み続けました。あの感激は忘れられません。

中学生のときは、下村湖人の『次郎物語』を、涙を流しながら読みました。「夕食よー」と、おふくろが呼ぶんですが、それすら耳に入らない。主人公は次郎っていうくらいですから、次男坊なんです。私と同じ境遇です。本当に、かわいそうでした。

田舎というのは、誰が何と言おうと長男が王様なんです。私は五人兄弟の次男でしたから、洋服はいつもお古です。長男が着た後、袖口が破れているのを繕って着させられるわけです。じゃあ三男坊はどうかというと、繕った服を私が破いて、もう着られないから新品です。真ん中の私だけがいつもお古だった。

大人はたいしたことじゃないと思っていますが、そんな次男坊の境遇が子ども心に不憫でしたから、『次郎物語』を読んで「次郎、お前も俺と一緒、いつもお古か……」と涙が出てきました。

これを考えると、本というものは時代、あるいは年齢ごとに感激するものを読まなきゃいけないと思います。私が今さら『世界少年少女文学全集』を読んだって涙も流れないしドキドキもしないでしょうが、小学校のときに読むからいいんです。感動するから、心に残る。自分の血肉になるんです。

●DNAのランプがつくまで諦めるな

もう一つ、中学時代で覚えているのは、適性テストのことです。三年生ぐらいになると就職する人も出て来ますから、職業の適性をみるためのテストだったと思います。

このとき、全校朝礼で先生が言いました。

「一人だけ、ものすごい結果を出した人がいます」

それが私だったんです。もっとも、当たり前といえば当たり前でしょう。人よりたくさん本を、しかも発禁本まで読んでいたマセた子どもですから、たとえ中学生でも知能は二十歳くらいだったんじゃないかと思います。

私はあらゆる職業に向いているという評価でした。大学教授にも弁護士にも、コックにもなれる。それで、自信を持つようになりました。「そうか、俺は何でもできるのか」と。

ただ、私自身の考えを言えば、人は皆、何にでも向いています。ただ、その気になるかならないかの差だけだと思います。もちろん、どこまで上達するかは適性の部分が大きいと思いますが、ある程度のレベルまでは努力でできるんです。それ以上、たとえばイチロー選手のようになろうと思ったら、よっぽど適性がないと無理。それは事実でしょう。しかし、「適性のない人」は営々と努力して、ようやくわずかの努力で成し遂げられる「適性のある人」に接近する。こういうことだろうと思います。向いているからやる、向いていないからやらない、ということではありません。

別の言い方をすれば、人間の能力はほとんど差がないということです。学生時代の友人を見ても社員を見ても、ほとんど能力は変わりません。これはもう私の基本的な考えというか、確信に近い。もちろん能力が開花するまでの時間、すなわちDNAのランプがポッとつくかどうか、その時間の差は、天性の部分としてあると思います。

たとえば、DNAから見るとAという分野のほうに才能があるんだけれども、自分はBという分野のほうが好きでそっちを選んだ。それはそれでいい。ただし天性のある人はわずかな努力でランプがつく。自分はなかなかそのランプがつかない。その意味での運・不運はあります。ところが、ほとんどの人はDNAのランプがつく前に「俺はもしかしたら向いていないんじゃないか」と諦めてしまうんです。そうではない。ネバー・ギブアップなんです。最後までやったらDNAのランプがつくかもしれません。

どこでランプがつくか、誰にもわからないんです。十年後かもしれないけど、明日かもしれない。一時間後かもしれない。少なくとも言えることは、今やめたら永遠にランプはつかないということです。だから、永遠に努力なんです。

連続日本一となった京都大学アメフト部の水野弥一監督は、「人間の肉体と技術には限界がある。しかし心には限界がない」と言っていました。まさにそのとおりだと思います。

ある日、必ずＤＮＡのランプがつくと確信して努力する。このことを、私は社員に限らず、学生を含めた多くの人に言いたい。大抵の人は、「会社は僕のことを認めてくれない」と、諦めたことを他人や周りの環境のせいにしてしまいます。するともう永遠に、せっかく両親からいただいた素質を開花させないままで終わってしまう。残念なことです。

話は横道にそれますが、私が唯一、若い頃を思い返して失敗したと思っているのは、出し惜しみ、やり惜しみです。これを全部やってしまったら、他にやることがなくなってしまう。だから、この部分は、自分の後々の進歩のために残しておこうといった考えがどこかにありました。

たとえば本でも、『大日本航海史』とか『日本古典全集』などは、全部買い揃えました。そして「しばらく残しておいて、後で読もう」と考えました。ところが、そのときに読めないものは、それから先もなかなか読めません。次から次へと読みたい本が出てくるからです。

したがって、今は本を買ったらすぐに読みます。つねにエンジンを全開にして、そのときにやれることは全部やるということです。先延ばしはよくない。私のこれまでの経営計画の根幹にも、つねにその考えがありました。一年後にできることは今できる。今できないことは一年後もできないんです。

生き方そのものも同じことでしょう。その一瞬その一瞬がエンジン全開であることです。そうすれば、ある日ＤＮＡのランプがつくと私は思っています。

●読書は想像力の源

私がこれまでの自分の人生を振り返ってみて誇りに思うのは、絶対に読書を欠かさなかったことです。これまでの何十年という間の読書の蓄積は、人に負けないものだと思っています。そして、読んだ人と読んでいない人との差は、そう一朝一夕には埋められない。これまで読書の習慣のなかった人が、急に読書をしようと思い立ったとしても、よほどの覚悟をしないと難しいでしょう。

読書というのは、ご飯を食べるとか、朝起きたら顔を洗うとか、そうした日常の生活習慣と同じ感覚にならなければホンモノじゃないと私は思います。顔を洗わなきゃ起きた気がしないのと同じように、本を読まなきゃ寝られない。そのぐらいまでにならないと続けられません。それこそ、活字病というか、本の虫です。人生において、この蓄積の差は大きいのではないでしょうか。

加えて、年をとってくると目が疲れやすくなります。だから年を重ねてから「いざ読書」と思ってもなかなかできないものです。私自身もそうで、二時間ぐらい本を読むと肩が凝ります。ちょっと運動してまた読み始めるんですが、それほど努力をしないと、本を読み続けることはできません。

一方で、矛盾することを言うようですが、読書ほど楽なことはありません。「読書とは他人にものを考えてもらうことである」というショーペンハウエルの読書論ではありませんが、ただ読むだけなら、これほど容易なことはないんです。

娯楽のための読書というのは、太い幹を育てようと思うときに雑草を育てているようなものでしょう。雑草なんか、いくら育ててもしょうがない。娯楽のための読書というのは砂浜に描かれた足跡みたいなもので、風がスーッと吹いたら消えちゃう。栄養にも何にもならない。

太い幹をつくろうと思うなら、たえず考えながら本を読むことです。読書でしか得られないもの、それはやっぱり論理的な思考です。物事を掘り下げて考える力や、本質をとらえる力は、読書をすることで養われていきます。考えながら読書をしている人とそうでない人とでは、明らかに違いが出てくる。そして二十年くらい経つと、その差が歴然としてくるでしょう。

これは経営上の視点から見ても、きわめて大きな問題です。経営ほど論理的思考が必要とされるものはないからです。感性だけではできません。したがって、読書をしないような人間は、これからの経営者にしてはいけない。

私は、部長代行ぐらいのときに入社試験で試験官をやったことがあります。このときに必ず聞いていたのは、どういう本を読んでいるかということです。

最近の学生はほとんど本を読んでいません。驚いたのは、「古典」という言葉すら知らないこと。「きみ、最近、古典で読んだものは」と聞いても、五木寛之とか遠藤周作の名前が出てきます。それが古典？　ピンボケでしょう。

「僕は労働法の勉強をしている」と学生は言います。それもいいけれど、そのほかに読んだ本を私は聞いている。にもかかわらず、答えらしい答えが返ってきません。いくら学校の成績が優秀でも、そんなのが裁判官になったらえらいことだ。経営者になってもえらいことだ。

今までは、経営者に求められる資質として、付き合いがいいとか温厚篤実だとか、いろいろありました。しかし、これからの経営者は発想も豊かでなきゃいけないし、論理的な考えも必要だし、引っ張っていく力も当然必要になってきます。

最近の学生や、あるいは新入社員を見ていて思うのは、奇抜なアイデア、大きな仕掛け、そういうことがほとんどできないということです。要するに発想が貧弱なんです。身近なことは発想できても、ビジネスにおいて大きな仕掛けを考えるというところまでいきません。それは、多分に読書不足だと私は感じます。

昔は想像力を育てる環境がありました。人々は、想像力を掻き立てて、思いをめぐらすしかなかったと言ってもいいでしょう。女性を見ればその人以上のものをイメージしましたし、世の中のことについても想像力豊か。そうやって想像に遊ぶところがあったんじゃないでしょうか。

今はそうではありません。あらゆるものがすべてディスクローズされて出てきます。これでは想像力は育ちません。読書でイメージを膨らませていくという経験が極端に少なくなっているんです。これはかなり憂慮すべき問題だと思います。

●一浪しました、だけど「SO WHAT?」

さて、話を学生時代に戻しましょう。

高校生のとき、私は新聞部に入りました。私が通っていた惟信高校はバスケットボール部が強くて、愛知県の代表校でした。試験のときでも国体があると、私は報道班と称して率先して遠征についていきました。自分の金じゃないし、試験も受けなくて済む。マラソンの大会でも、自分は自転車に乗って、ひたすら走る選手を取材していました。どちらかというと、体育会ではなく文科系の生徒でした。ただ、写真も記事も両方担当していたので、夏休みも学校へ行って、蟬がジージー鳴いているところで一生懸命記事を書いていました。

加えて、私は生徒会の議長をやっていましたから、受験勉強はほとんどしていなかった。学校から帰ったら取るものもとりあえず小説を読んでいましたから、さすがに先生も心配してくれました。

今考えると、自信過剰だったかもしれません。何しろ、中学校の適性テストで「何にでもなれる」とお墨付きをもらっていたわけですし、世間の事情に疎い田舎者でもありました。出来の悪い連中とばかり遊んでいても、とりあえずは廊下に張り出されるぐらいの成績でしたから、どこかで「受験勉強なんて」という気持ちがあったのだろうと思います。

名古屋大学を受験して見事に落ちました。そこで初めて「ちゃんとやらなきゃ」と思うようになって、予備校に通い始めたのです。

英語はどんなにがんばっても思うように成績は上がりませんでしたが、数学だけは良かった。私は、数学の問題集をやるとき、筆記用具を使いません。予備校に通う電車の中で問題集をパラパラとめくり、問題を見ていくだけ。解き方がわかれば、それで終了です。答えを出さなくても、その解き方さえ理解していればいいという考えでした。どうしてもわからないものにだけ印をつけ、家に帰ってから机に向かっていました。

小さい頃から、数字には強かったんです。一つには、本屋でお客さん相手に暗算を繰り返していたことが大きかったと思います。ずっと店番をやっていたわけではありませんが、食事のときなんかにお客さんが来ると、「ハイ」と言って店先に出るのが私でした。

もう一つ、先生に授業で褒められたことも大きかったと思います。褒められると人は伸びる。

私は、今でも数字に関しては記憶力がいいと自負しています。会社で経営方針や決算の報告をするときでも、営業利益はいくら、金利収入がいくら、またはそれらがパーセンテージでどのくらいかといった数字をきちんと覚えています。「あなた、よく間違えずに言えますね」と言われるけど、私にしてみると、どうっていうことないんです。

数学だけでなく、作文もそうでした。遠足の感想文を先生に褒められて、皆の前で発表したんです。たいしたことではないかもしれないけど、それが自信につながりました。新聞部に入部したのも、こうして褒められた経験がきっかけになっています。

数学にしても作文にしても、私に特別な才能があったとは思いません。ただ褒められて、その気になっただけの話です。「能力に差がない」と私が言うのはこういうことで、褒め方一つで能力が開花することは大いにあり得ると思います。

翌年は無事に名古屋大学法学部に合格しました。何より嬉しかったのは、これで思う存分小説が読めるようになったぞ、ということです。もちろん浪人中も読んでいましたが、「思う存分」とは程遠い。この頃は『土』（長塚節）や『暗夜行路』（志賀直哉）、『出家とその弟子』（倉田百三）などを、予備校に通う電車の中などで時々読む程度でしたから、そんな生活にこりごりしていました。

名古屋を離れて、たとえば東大や京大に行きたいという気持ちがなかったわけではありません。しかし、親父の「勉強できるやつはどこに行ってもできる」という一貫した考えがありましたから、それならそれでいいと思っていました。私自身も「勉強するならどこでも同じだ」という気持ちがありました。

地元で暮らすと、友達と競争し合うといった「勉強するための刺激」がないから、これがしんどいところです。実際、私もろくに勉強せずに一浪したわけですから。でも、そんなものは「SO WHAT?」、それがどうした、です。一年早く受かって、一体どういう意味がある？ 私は、蛙の鳴くのどかな環境でのびのびと青春時代を楽しめたという意味では、進学校へ行かなくてよかったと思っています。青春時代の一時は、それを何年後かに体験しようと思ったってできないことばかりです。

今の若い人にも、そんなにガチガチ勉強して進学校を目指さず、田舎の高校でのびのび生活して、一年ぐらい浪人したっていいじゃない、と思います。そのときじゃなければ得られないものを経験することのほうが、よほど大事なことです。

●学生運動へ

大学に入ると、私はすぐに新聞部に入部しました。でも一年ぐらいしたら、警職法の改正問題だとか、公務員の勤務評定反対闘争とかが起こるんです。私の正義感が芽生えてきました。新聞部をやめて、学生運動にのめりこんでいったのはそれからです。

私は、六〇年安保のとき、全学連主流派でした。共産党は大嫌いだったんです。上部の指令でピシッと動く軍隊みたいな組織でしょう。自分の意見のない、皆と全く同じ考えを得々として述べる権威に従順なのは大嫌い。

そうした権力に対する反発心のようなものは、私が次男坊であるがゆえに育まれたのだと思います。どんな場合でも、泣き寝入りするような弱い心は絶対に許さない。いつも「負けてたまるか」という反骨精神が、ずっとどこかにあったんだと思います。

全学連主流派はブント（共産主義者同盟）の影響下にありましたが、反主流派に革共同（革命的共産主義者同盟）というのがあって、そこへ入れと言われたこともありました。しかし、革共同もまた共産党と同じように権威主義的で、だから私は政治党派には一切入らなかった。ひたすら正義感だけで動いていました。

それで、いざ共産党との闘いということになったとき、名古屋大学法学部の自治会委員長にさせられました。更に県学連の役員にもなってしまった。これで就職できなくなるかもしれないなどということは、考えもしませんでした。もしそれが念頭にあっても、委員長をやっていたと思います。就職でコケたって死ぬわけじゃないし、食べていけないということもないだろう。それよりも、黙って見ていられないという正義感のほうが上回っていました。人がやらないとなると、余計に「よし、やってやる」と思うんです。

もちろん、親は学生運動なんて大反対です。これには、妹二人の縁談に差し障るという理由もありました。私は共産党ではありませんが、当時、学生運動をやっているのは皆アカだといわれました。「アカの兄貴のいる娘さんとは結婚できない」と言われるに違いないから、学生運動はやめてくれと。でも、私は正義のために、人々のためにやっている。何でやめなきゃいけないのか。すると、「それはお前の独りよがりだ。人のためと勝手に思っているだけで、人には迷惑なんだ」と散々怒られました。挙句に、「お前なんか、もう勘当だ！」となった。もっとも、普段から寮に泊まったりしてほとんど家に帰らない。帰るのは小遣いがなくなったときくらいです。両親や家族の愛情は体に染み付いていますから、そのうちになんとかなるとの良い加減さで、どうってことはなかった。

六・一五の国会占拠闘争のとき、私は名古屋で集会を開いて演説していました。新聞にも大きく報道されたし、テレビにも映し出されました。「あっ、うちの息子がこんなところでえらいことをやっている」と、親は仰天していました。こっちは勘当されて何も言っていないわけだから、そりゃあ驚くでしょう。

このとき、中日新聞社が近くにあったんです。警察が介入してくると、幹部連中は委員長が逮捕されないようにと、周りに人垣を作ってくれました。そのスキに、私は中日新聞社の中に逃げ込んだんです。

当時名古屋大学の新聞部の印刷は中日新聞で行っていましたし、夏休みにはそこで校閲のアルバイトもやっていましたから、社内の勝手はよくわかっていました。親しい記者もいたので、そこへ「助けて！」と、飛び込んだんです。そうしたら、「いいよ、いいよ」と。しかも「ついでにこれ見てよ」と、校閲の仕事をタダでやらされた。

逃げ込んだ新聞社でひと仕事して、ほとぼりの冷めた頃に家に帰りました。

親は当然、逮捕されたと思い込んでいますから、ひょっこり帰ったら、また怒られました。

大学に行っても、周りからは「何だ、お前は逮捕されてなかったのか」と口々に言われました。なんで逮捕されなきゃいかんのかと、かえって腹立たしかったのを覚えています。

●「理性の血」と「動物の血」

この頃は、E・H・カーの『ソヴェト革命史』、原書で読んだアイザック・ドイッチャーの『The Prophet Armed:Trotsky,1879-1921』（邦題『武装せる予言者・トロツキー』）、丸山眞男の『現代政治の思想と行動』に収められた諸論文などに非常に感銘を受けました。今でも大月書店の『レーニン選集』と『マルクス＝エンゲルス選集』は全巻揃いで自宅の書棚においてあります。スターリン社会主義体制下での行政のあり方の研究に興味がありました。

勉強はというと、ほとんどしていません。教養課程などはほとんど出席日数ギリギリです。一つ覚えているのは、私が友人の代返をしたのが先生にバレて、留年しそうになったことです。いつも代返をお願いしている友人だったから、たまにはそのお返しにと、うまい具合に声を変えました。でも、なぜバレたかというと、私と友人の二人分、授業で当てられちゃったんです。ドイツ語だか英語の授業だったと思います。立って読まなきゃいけない。それで、「あれ、きみ、確かさっき……」と言われて、万事休す。そのせいで、私と彼は不可になりました。

でも、一単位でも落としたら留年ですから、先生のところに行って再試験をお願いしました。「もう一回試験をやってください。僕が代返したのは、たまたまです。お願いします」

先生は渋々承諾してくれました。その代わり、いい点を取らなければ留年確定という条件です。私は、その試験に通りました。でも友人は落ちてしまった。そんな具合で、授業も普通の人ほど出席していません。出欠の確認もきちんと取っていなかったと思います。調べられたらえらいことになっていた。それでも、私は就職試験に必要と言われた三年生の時の成績だけは得意科目ばかり選択したこともあり、全部「優」なんです。再試験といい、運に恵まれたんだろうと思います。

卒業論文はトロツキーでした。私の一番の狙いは、共産党という規制の厳しい組織の中で、その制約下にある人間性を浮き彫りにすることでした。共産党というガチガチの組織の中では、必ずおべんちゃらを言うやつが出てきます。必ず権力にへつらうやつがいます。権力に反対して本当のことを言うと、トロツキーみたいに追い出されてしまう。あるいはスターリンみたいに粛清をしたりするわけです。すると、最終的に残るのは「おべんちゃら集団」ということになります。そこが共産党の脆弱さではないかというところを論じてみたかったんです。

このことは、何も共産党に限りません。人間というのは、そういう動物だと思います。だから私は、経営者になってからもよく言うんです。

人間には二、三百万年も前からの「動物の血」が流れている。神々の、言わば「理性の血」は、たかが四、五千年。いざというときどっちが勝つかといったら、それは動物の血でしょう。いくら理性、理性と言ったって、たかが知れているんです。官僚や政治家がいくら偉そうなことを言っても、皆一緒。暑いときには涼しいところに行きたいし、お腹が空いたらおいしいものを食べたい。いざとなると、「動物の血」が騒ぐということです。

これは、人間の弱さ、ある種の業と言い換えてもいいかもしれません。自己保身に走る心です。企業が不祥事を起こす事件は後を絶ちませんが、明るみに出て初めて言い訳をしても、これは保身に過ぎません。会社のため社員のため、あるいは家族のためと言いながら問題をひた隠しにし、嘘を重ねていくのも、突き詰めて考えれば自分の保身のためなのです。

嘘は必ずバレます。そして、その分だけしっぺ返しを食らう。あるいは一つの嘘が十倍にもなって跳ね返ってくるかもしれません。私が「動物の血」というのは、そういう人間の弱さ、邪心です。それを、学生運動をやりながら何となく感じていました。

それをもっと多様な視点で実証すれば、すばらしい卒論になったかもしれません。でも学生時代は半分遊んでいるわけだから、そうもいかない。あんまり褒められもしませんでした。

●伊藤忠商事、何する会社？

無鉄砲なことばかりしていましたから、周りはもとより、私自身もまともに就職できるなどとは思っていませんでした。

実際、私が委員長をやっていたとき、先輩二人が軒並み就職に失敗しているんです。学生運動をやっていたことがわかって、鉄鋼と重工の一流会社から二月か三月頃に内定を取り消されました。

「けしからん、直前になってクビとは何事だ！」と、私は激怒しました。ある大企業では、「入社したら労働運動は一切やりません」などと宣誓させられる時代です。

先輩が軒並み内定取り消しになるのをこの目で見ていたから、たとえどの企業に決まっても、最後には「クビ」と言われるのだろうと考えていました。だから私は、ほとんど就職活動というものをしていないんです。ハナから諦めていたというより、どうせ内定を取り消されるなら何でもいいから先にやっておけ、という考えがありました。一九六一年七月一日が就職活動解禁日だったのですが、友人が、この日に試験を行う企業があることを教えてくれました。それが、伊藤忠だったんです。

「伊藤忠商事？　いったい何をする会社だ？」

私は大学時代に読書と学生運動しかしていないから、伊藤忠という企業の名前すら知りませんでした。一生懸命に企業研究をしている今の学生からすれば考えられないことかもしれません。でも、どうも貿易をやる会社らしいという程度の知識しかなかったわけです。

親父にどんな会社なのか聞いてみたら、「大阪の繊維の会社でね、いい会社だ」と言う。どうもピンと来ません。何だかわからないけど、ともかく受けに行こう。それで、友人数人と連れ立って就職試験を受けに行った。そして、なぜか私だけが受かりました。

試験で聞かれたのは、成績のことでした。「全部、優です」と言いました。全優と言ったって、六つか、七つ。法学部の三年生の専門課程は自分の好きなものしか取っていませんでしたから、「優」しかないんです。他の連中はほとんど優がなかった。となると、一人だけ受かるのも無理はありません。

なおかつ、高校時代に生徒会の議長をやっていた。何だか優秀そうだ。それで終わりです。試験に行くと、帰りに交通費を支給してくれるでしょう。私はそのお金で、大阪のミュージックホールへ行って遊んでいました。夜遅く帰宅すると、もう採用通知が来ていたんです。

もう一つ、成績は別にして、ひょっとしたら受かるんじゃないかと思ったことがありました。当時の社長の名前が「小菅宇一郎」といったんです。私と同じ名前でした。宇一郎という名前は世の中にそう多くありません。受けた会社の社長の名前がたまたま同じだったんです。いまだに周りの人は嘘じゃないかと思うみたいですが、本当に偶然です。ひょっとしたら名前だけで受かるんじゃないか。半ば本気でそう思いました。

私は次男ですが「宇一郎」、兄貴は「洋一」というんです。長男に「一」がつくのはわかるけど、次男にそれは珍しい。それで弟は三男坊だけど「経二郎」というんです。

あるとき、両親に「一」をつけた理由を聞いたことがありました。すると、兄貴は太平洋で一番になってほしいと命名した。お前は宇宙で一番の男になってほしいという理由からだといわれました。でも、なぜ両方に「一」をつけて、三男に「二」がつくのか腑に落ちない。兄貴と俺と、どっちかいらない子かなあと小さいときに思ったりしていました。

私なりの解釈を言うと、戦争中でいつ子どもが死ぬかわからない時代でしたから、両方に「一」をつけておいたんじゃないかと思っていたんです。でも、先日おふくろに聞いたら、「そんな深い意味などあるわけがない」と一蹴されました。私も良い加減な性格ですが、名づけた親父も良い加減だったんだと思います。

そんなわけで「宇一郎」という名前のお陰か知らないけど、私は伊藤忠に採用になりました。大学へ行くと、「学生運動をやっているくせに資本主義の権化のような商社に行くとは何事だ」と、みんなに非難されたんです。そうはいっても私自身はどういう会社なのかもわからないし、「どうせダメになるんだから」と思っていました。

ところが、いつまで経っても内定取り消しの通知が来ません。二月、三月、何もない。おかしい。本当に行っていいのかなあ。内定を取り消したのに連絡するのを忘れているのかな。最後までそう思っていました。それで半信半疑のまま会社に行ったら、クビになっていなかったんです。

入社してからわかったことですが、私の六、七年先輩には、北陸学連（全学連の北陸ブロック）の委員長までやっていた人がいました。私なんか、まだまだヤワな部類に入る。それにしても、そんな人まで入社していたなんて、伊藤忠というのは非常にいい会社だ。私は、それで会社が好きになりました。

内定が決まって一番喜んでいたのは、おふくろだったかもしれません。放蕩息子がようやくマトモな道を歩み始めた。だから、おふくろのために就職したようなものでした。ただ、名古屋からは一刻も早く出たかったんです。この機会に町を出ないと、一生出られないかもしれません。もう「本屋さんの息子」は窮屈で仕方がない。名古屋以外ならどこでも良かったんです。

それで採用条件として、東京勤務を希望しました。東京は人が多いから、田舎みたいにむやみに干渉されないだろうと考えたからです。普通、地元の大学卒はそのまま地元での勤務を希望するみたいですから、変わったやつだと思われていたでしょう。でも私は、名古屋から飛び出して「群集の中の孤独」というものを味わいたかった。「本屋さんの息子」からの脱却を図ったわけです。

第二章
自分を鍛える

●夜の銀座に魅せられて

「なんていい会社だ」と思って伊藤忠に入社しましたが、入って早々、私は「このままでは堕落する」と思いました。それというのも、書類の清書とかコピー取りとか、全く知的要素のない仕事ばかりだったからです。新入社員のときは誰しもそう思うかもしれませんが、私も例外ではありませんでした。「一体、俺を何だと思っているんだ」と嫌気が差して、入社して二ヵ月目あたりで、もう辞めようと本気で考えました。大学の先生に「会社を辞めて司法試験を受けようと思う」と、手紙まで書いたんです。

このとき「もっと辛抱しなさい」と説得されました。私自身も、辞めるのはいいけど、おふくろの顔が脳裏をよぎります。これ以上、おふくろに迷惑をかけられません。

しかし、いずれにしてもこの会社に一生いることはないと思っていました。仕事をしながら勉強して、弁護士を目指そう。そう決意して、仕事をさっさと切り上げて勉強を始めました。実家に行くと怪しまれますから、本屋の息子なのにわざわざ六法全書まで買ったんです。ない金をはたいて。

ところが、その決意はたったの一ヵ月で脆くも崩れ去りました。なぜかといえば、銀座のバーに負けたんです。先輩が銀座に連れて行ってくれるようになって、そっちのほうが六法全書より魅力的だった。

今だから笑い話ですが、当時は反省しました。

「何だ、俺はこんなに法律の本を買ったのに、銀座のバーに惑わされて一ヵ月でやめるのか。情けない……」

それでも、楽しくて仕方ありません。私の育ってきたところは、本当に田舎です。悪い意味ではなくて、周りも世間ズレしていないということです。だから東京の生活は知らないことだらけです。飲み屋へ行っても、酒がボンボン出てくる。誰が勘定しているんだろうと思っていると、後で自分のところに割り勘の請求書が来たりします。こんな支払い方をするなどとは思ってもいませんし、「なんだ、ごちそうになったんじゃないのか」と、二度びっくりです。

今でこそ、雑誌やテレビやインターネットなどで情報収集もできて、都心でも田舎でもほとんど共通の文化を持っていますが、当時はそうではありません。私は本当に純真でした。だから、会社に入ってどんどん世界が広がっていきました。ついでに夜の銀座の世界も広がってしまったというわけです。

もっとも、毎日が銀座などという優雅な生活ではありません。二、三人でいつも決まって飲みに行くのは、三鷹にある独身寮の近く、「ちくま」という、まるで燈芯のように瘠《や》せた女将のいる店でした。実をいいますと、当時から誰もその店を「ちくま」とは呼んでいませんでした。みんな「きりちゃん」と呼ぶんです。きりちゃんというのは店に雇われている女の子のことなんですが、だから私は「ちくま」ではなく、今でも「きりちゃん」と言わないとその店のイメージがわいてきません。

その「きりちゃん」の囲炉裏ばたで日本酒をクッと飲む。私はこのとき生まれて初めて、日本酒を飲みました。それまで日本酒というものを知らなかったんです。私は思いのほか酒に強くて、いくら飲んでも酔いませんでした。

当時の生活を思い返してみると、給料はだいたい一万八千五百円ぐらい。残業代を含めて、手取りで二万三、四千円ぐらいです。私は、そのうちの半分を飲み代に使っていました。ほとんど毎日、きりちゃんの店に行って飲んでいたんです。あとは当時住んでいた三鷹の独身寮に払ったりして、手元に残るのは三千円くらいです。それを本代にあてていました。当時は「朝日ジャーナル」「エコノミスト」とか、「世界」「思想」「日本読書新聞」などを読んでいました。

●自分の能力に謙虚になれ

私は入社当初から、かなり鼻っ柱の強い社員だったと思います。田舎者で、きわめて狭い社会の中で育ってきましたし、言葉遣いやマナーも知らなかった。背広は一着だけ、髪はバサバサ。およそ商社マンとしてあるまじき姿です。入社してしばらくしてから、「きみ、ポマードくらいつけてこいよ」と上司に言われましたが、かえって「なんでそんなものをつけなきゃいけないんだ」と反発していました。

加えて、「こんな仕事などやっておれん」という態度があからさまに出ていたんでしょう。周りからは「あいつは生意気だ」と反感を買っていたと思います。

「一生懸命働いているのに、どうして他部門の同僚よりも給料が低いのか。もっと評価してくれてもいいんじゃないか」という思いが顔に出ていたのだと思います。ある時課長がこう言いました。「能力というものは、自分で評価するものではない。他人が評価するものだ」と。納得いきませんでした。でも、それからです、「今に見ておれ」という反骨精神が再び出てきて、毎日十一時くらいまで仕事をするようになりました。おそらく月間で百時間以上は残業していたんじゃないでしょうか。

しばらくして、上司の言った言葉の意味がわかるようになりました。ビジネスの世界では、自分の評価など何の足しにもならないということです。たとえば、自分が一〇〇点満点の仕事をした場合、自己評価というのは、とかく一五〇点くらいになりがちです。では他人の評価はどうかというと、せいぜい七、八〇点くらいのものでしょう。自分で自分を評価する人は、それを不満に思い、「会社は俺を理解していない」「あの上司が悪いんだ」と考えてしまうようになるのです。

これは、新入社員にも言えることでしょう。会社に入ったばかりの頃というのは、自分の力を過大評価してしまいがちです。学生時代に、試験の点数や偏差値などで自分の評価がはっきりと示されていたからです。しかし、社会に出れば、そんな誰もが見てわかる相対的な数字など存在しません。

ビジネス社会で評価の軸となるものは何か。それは、周りから必要とされるかどうかだと私は思っています。「この案件はあの人に任せよう」「この人なら適切なアドバイスをしてくれる」といった具合です。組織から「あなたがいないと困る」と言われる存在であることです。それらはすべて他人の評価によるものです。

社会人になったばかりの頃は、たいていの人がここのところに思いがいたりません。事実、私もそうだったわけです。自分の能力に謙虚になれず、先輩たちが会社に飼いならされているように感じてしまう。新入社員の中には、「あんなふうになりたくない」と私にメールを送ってくる人もいます。若手社員から先輩の悪口を書いたメールが届くこともあります。しかし、先輩や上司の悪口を言う前に、果たして自分の実力はどうなのかを考えなくてはなりません。

何も、上の立場の人間に媚びへつらえと言っているのではないんです。自分が正しいと思うことは堂々と主張すればいいと思います。しかし、他人の批判ばかりで、そこに謙虚さがないのはいけない。そんな若手社員を指導するお人よしはどこにもいません。すると、誰からも適切なアドバイスをもらえずに、せっかくの実力を生かしきれずに終わってしまいます。これは、本人にとってマイナスでしょう。したがって、自分の能力に謙虚になる、これは非常に大事なことだと私は思います。

●三鷹独身寮での破天荒な生活

私は同期の中でも、結婚が早かったんです。ワイフと知り合ったのは大学一年のときです。それから六年近くお付き合いをして、入社二年目で結婚しました。なぜそんなに早かったかというと、三鷹の独身寮での生活があまりにひどかったからです。

私はおよそ家事というものができません。休日に洗濯はするのですが、洗濯機を回したまま飲みに行って、うっかり忘れてしまう。夜遅く帰ってきて、翌日からは仕事ですから、結局一週間放りっぱなし。洗濯に失敗したら、靴下もただ裏返しただけで履いてしまう。それでも足りなくなって、よく同室だった先輩と融通し合っていました。だから、お互いに左右の靴下の色が違うなんてこともありました。

ふとんも干したことがなければ、掃除もしたことがありません。新聞を読むと、そのままベッドの下に放り投げる。どんどん新聞がたまる。埃もたまる。そのうちミカンの皮などもそこにポイッと捨てる。同室の先輩はインドからの留学帰りで、そうしたことにはまことに無頓着です。私も同じで、二人してそれをやるからどんどんたまっていく。そろそろまずいことになってくる。

私の部屋はちょうど二階の階段を上がったところにありました。たまった新聞を足でズズッと引きずって部屋の外に出し、階段のところでそれを蹴っ飛ばすんです。すると、新聞がドサドサッと下に落ちていくわけですね。これで部屋の掃除は終了。寮の舎監のおばさんは「誰ですか！　こんなことをしたのは」と怒っていましたが、知らんぷりしていました。

風呂も滅多に入りません。会社から帰ってくる頃にはもう入浴時間は終わっているし、たまに入ると浴槽の下に泥がたまっているんです。独身寮の連中はみんな汚い。入ったらかえって汚れる風呂だったわけです。冬でも最後に水を浴びなければなりませんでした。

禁止されていた麻雀もよくやりました。隣が図書室だったので、そこから本を持ってきて、上に毛布を敷いてテーブル代わりにする。音が聞こえたらまずいから、私は買ったばかりのトランジスタラジオの音量を大きくして、それをドアのノブにかけてやっていました。

それに、毎晩仕事が終わってから、「きりちゃん」の店へ飲みに行く。帰ってくる頃には独身寮の門は閉まっていますから、よく塀をよじ登る。玄関も閉まっていますから、ベランダから入るんです。私の部屋はベランダのすぐそばで、ノックすると同室の先輩が中から鍵を開けてくれました。

そんなことが続いて、そのうち窓に鍵もかけないようになりました。いつの間にか寮の連中がそれを知って、私の部屋を真夜中の出入口にしていたんです。寝ていると人が横切る。ハッと目が覚めると、部屋のドアから誰かが出ていくのがわかる。真夜中ですから、それは不気味です。よほどベランダの鍵を閉めてしまおうかとも考えましたが、そうすると同室の先輩がいないとき、今度は自分が困る。しかたないから鍵は開けっ放し。ずっと真夜中の出入口になっていました。

一事が万事、こうした具合ですから、「これじゃあ体がもたない」と思うようになりました。私は本当に早く結婚してよかったと思っています。少なくとも、きれいな生活ができるようになりました。洗濯の心配もしなくていいし、靴下の色も一緒です。お金もきちんと管理してくれています。

もともと、子どもの頃からお金には執着がありませんでした。学生時代には家庭教師のアルバイトなどもしていましたが、おふくろに手を出せばその日の小遣いをもらうことができました。それを持って出かけると、帰りはスッカラカンです。一銭も残りません。お金を使うことにかけては、お前は天才的だと言われていました。それでまた翌朝になると、手を差し出すわけです。おふくろもまとめて小遣いをくれませんでした。全部使っちゃうのがわかっていたんでしょう。

それは今でも変わりません。私は一体、家にいくらお金があるかわからない。ワイフが何に使っているかも知りません。ひょっとしたら私の名義になっていないかもしれない。それでもいいと思っているんです。私には隠し金というものがありません。そのほうが気楽でいい。

ただ、ワイフは私のことをどう思っているのか。結婚式も、準備はおふくろと友人にまかせっきり。新婚生活を始めるにあたっても、家を決めていないからワイフはどこに荷物を送っていいかわからない状態です。最初は大宮に家を持ちましたが、それもゲタを放り投げて決めた方角でした。休日に不動産屋に行って、ビールを二本ごちそうになったから、その新築の家に決めたんです。ところが新婚旅行から帰ってきても家が完成していない。大家さんも工事業者も大慌てで仕上げてくれましたが、「この人、一体何なんだ」とワイフは思ったんじゃないでしょうか。

●ストライキをやれ！

そのうちに学生運動をやっていたというのも周りの知るところとなりました。北陸学連の委員長をやっていたという六、七年上の先輩と意気投合して話しているうちにバレてしまって、「それならあいつに組合の役員をやらせよう」という話になったんです。

今でこそ、組合の役員というのは入社して五年とか十年という社歴の人が多いですが、当時は若い人に任せることも少なくありませんでした。キャリアのある人たちは上司に睨まれたくないとか、自分の出世に役に立たないとか、そういう気持ちがあったんじゃないかと思います。そこで新入社員とか、せいぜい二、三年目の社員に役員をやらせるわけです。私の場合は、それこそ入社一年目でした。

それで、組合大会に参加したんです。当時は昇給のことで議論していたと思います。私はそういう場で発言したりすることに物怖じしないタイプですから、さっそく手を挙げて発言しました。

「ストライキをやれ！」

誰だ、あいつは？　新入社員だ。

「あなた方、何をくだらないことを議論しているんですか。定時退社とか何とかやったって、経営陣にダメージになんかなりはしませんよ。目的を達成するためには、経営陣が困ることをしなけりゃダメだ。だからストライキだ！」

見たこともない血気盛んな新入社員がこう言うわけですから、周りは呆然としていました。

「こんなのに組合をやらせておいたら、えらいことになる」

人事部長はそう思ったんじゃないでしょうか。しばらくして、部長から私のところに電話がかかってきて、呼び出されたんです。怒られるのかと思ったら違った。

「キミ、越後正一社長の秘書をやってくれ」

白羽の矢というわけです。決して私が優秀だったからではありません。秘書になると、組合に入れない。それが狙いだったと思います。

しかし、私のような鼻っ柱の強い人間に秘書という仕事が務まるわけもありません。社長室のフロアというのはキレイですから、それはそれで楽しいかもしれませんが、私にはおよそ興味のない世界です。小奇麗な格好もできないし、そもそも背広は一着だけ。かしこまって社長の言うことを聞けるはずがありません。そこで、こう言いました。

「直属の上司である本部長が、こいつは使い物にならないから秘書に出しても構わないというのでしたらお引き受けしますが、私としてはお断りします」

人事部長はすぐ本部長に電話をかけたようです。私が自分の席に戻ると、本部長が「さっき人事部長から電話があったが、断っておいた」と言ってくれました。それで一件落着です。一つ間違っていたら、私は越後社長の秘書をやって、また違った人生を歩いていたかもしれません。

●隣の課の不正を暴く

もう一つ、入社当時で覚えていることがあります。山本有三の『真実一路』ではありませんが、正義感だけでは通用しないのが社会というものだということを痛感させられたんです。

これは、隣の課にいる同期の相談がきっかけでした。酒を飲みながらこう言うのです。課長の言われたとおりの仕事をしているんだけど、どうもおかしい。下請けいじめや、請求書が来ても払わないなどといったことが行われている。悩んでいるんだが、上司に掛け合っても言うことを聞かない。

そこで私の持ち前の正義感がわき上がってきました。当時、アメリカ帰りの新進気鋭の企画統轄課長がいたので、彼のところに言って直談判しました。隣の課でこんな不正なことが行われている。会社として由々しき問題だ。すぐに調べる必要があるんじゃないか、と。

彼はすぐに動いてくれました。問題が公になって、隣の課長は注意を受けました。ところが、会社というのはそれで一件落着とはならないのです。「これを洩らしたのは一体誰だ」と犯人探しが始まりました。すぐに私だということがわかる。それで、「けしからん、新人のくせに隣の課にまで口を出すとは何事だ」と言われ、ついには「あいつとは付き合うな」と交際禁止令が出ました。

もちろん、相談してきた隣の課の同期は三鷹の独身寮で一緒でしたし、きりちゃんの店でいつも飲んでいたから、そこで付き合えばいい。だけど、他の人たちは本当に冷たい。四面楚歌です。私は理解ができませんでした。正義のためにやっているのに、どうしてこんな目に遭うのか、さっぱりわからない。

それで私は再び企画統轄課長のところへ行って、事情を説明しました。「私が悪いことをしたわけではないのに、スパイみたいな目で見られる。この会社はおかしいのではないか」と言いました。その後はもうしっぺ返しは来ませんでしたが、そこで初めて組織というものの実態を知ったように思います。いい勉強になりました。

もっとも、許せないことは許せない。その態度は一貫しています。正義感がそのまま歩いているような私を、会社の取引先の人たちは非常にかわいがってくれました。上司よりもそうした取引先の偉い立場の人のほうが、しょっちゅう飲みに連れて行ってくれたんです。社会や組織というものを何も知らない、きわめて純粋なところを気に入ってくれていたのではないかと思います。

●アメリカ駐在時代

入社以来、私はずっと食料畑を歩いてきました。担当していたのは大豆で、アメリカ大豆と中国大豆が中心でした。当時、日本の輸入は農産物が圧倒的に多かったんです。とくにアメリカ大豆は年間で二百万トン強、日本全体の輸入商品の一、二位を占めていました。

大豆は食料としての豆だけではなく、搾油や家畜飼料としての需要もあります。伊藤忠は業界でも一、二位を争うシェアを占めていました。また、一度に五千トンほどの取引をする大きな仕事でしたから、私はプライドを持ってやっていました。

お客さんにも恵まれて、早朝から豆腐屋さんへ行って豆腐や油揚げの作り方を勉強させてもらったり、問屋さんに豆の見分け方を教えてもらったりしたこともあります。自分でもそれなりに勉強して、南方系の豆だとか中国の豆だとか、一目見ただけでわかるようになってきました。

アメリカに駐在したのは入社六年目の一九六八年からです。当時、ベトナム戦争が続いていて、本土ではスチューデントパワーと黒人の公民権運動のさなかです。街中が荒れていました。ニューヨーク市は大借金を抱えていて警察官もろくに雇えず、治安もきわめて悪い。ケネディ大統領の暗殺（一九六三年）、為替変動幅を広げるスミソニアン体制の発足（一九七一年）、ウォーターゲート事件（一九七二年）、アメリカ大豆の禁輸問題やオイルショック（一九七三年）などがあり、厳しい経済情勢を経験しました。とはいえ、伊藤忠のニューヨークでの売上のうち、約四分の一は私の担当している大豆でした。

輸出の主力相手国は日本でしたが、それ以外にもノルウェーやデンマーク、ドイツ、オランダなどとも取引がありました。ノルウェーには一つの大搾油工場があって、そこは一隻約一万四千トンの大豆を、年間で十七隻分くらい買い付けていたんです。伊藤忠がノルウェー一国の必要量を全部成約したりしました。ヨーロッパとは六、七時間の時差がありますから、毎朝だいたい六時くらいに仕事の電話で起こされます。向こうは昼でもこちらは早朝です。会社へ向かう前に家で一仕事するんです。会社へ行くと、今度は日本からテレックスで仕事が入ってきます。それを片付けているうちにシカゴの穀物取引所がオープンしますから、もう一日中バタバタしていて、戦争状態です。

大豆は、シカゴで買い付けをします。もちろん買ったら終わりではなく、今度は運搬の手配をしなくてはなりません。これには二つ方法があります。一つはグレインメジャー（穀物商社）を使って流通経路を確保するものです。農家から港までの運搬、船の手配、船積み作業といった輸出までの一連の流れを、各グレインメジャーと話をして金額を決めていくケース。もう一つは、自分で船を買って、すべて自分のところで行う方法です。

いずれにしても、カーギルやコンチネンタル・グレイン、ブンゲといったグレインメジャーはＣＩＡよりも情報を持っていましたから、彼らとの付き合いは欠かせません。カーギルの本社があるミネアポリスへ行ったり、彼らの家庭に招待されたり、非常にいいお付き合いをさせてもらいました。

また、シカゴとニューヨークにも一時間の時差があります。シカゴの穀物取引所が終了するのは、ニューヨーク時間で二時十五分でした。それからたいてい「ＺＵＭＺＵＭ」という近所の食堂に行ってフランクフルト・ソーセージとビールで昼食を終える。ときどき、船を持つ販売会社の連中と飲みに行ったりしていましたが、夜になると私は会社に戻り、酔っ払いながら日本にテレックスを打ったりしました。

土日も出勤していましたから、東京の本社の人間が「あいつは体を壊すんじゃないのか」と心配したようです。当時の私はゴルフなんて亡国の遊びだと思っていましたから、休日にゴルフもしない。見るに見かねて、日本からアシスタントを送ってくれました。その若いのをこき使って、アメリカ大豆の輸出入を一手に担っていたというわけです。

駐在当初はうまく英語を話せませんでしたから、仕事帰りに英語学校にも通っていました。それで、できるだけきれいな先生に教えてもらうんです。そのほうが明日もまた行こうという気になるでしょう。そのうち、先生を食事に誘って、そこで英語を教えてもらう。食事代だけですから、授業料の相殺どころか、うんと安上がりです。もっとも、学校側にすぐバレてしまいました。

英語学校では、私と同じように日本の商社マンが何人か通ってきていました。でもできるだけ接触しない。いくら英語学校に通っていたって、授業が終わってからずっと日本人同士で会話しているようでは英語の勉強にはなりません。英語は慣れです。頭の善し悪しの問題ではありません。一番いいのは、日本人と付き合わないこと。日本語が通じる和食レストランにも行かないこと。ひたすらアメリカ人と一緒に行動して、ヘタでも一生懸命聞いて話していれば、だんだんとうまくなっていきます。

私の場合はアメリカのレストランガイドを持っていて、外国人の友人も入れ一緒に四つ星以上のレストランを軒並み荒らし回っていました。絶えず英語で会話していますから、そのほうがよほど上達します。それから自分の専門分野の通訳ができるくらいになったのは、六、七年目じゃないでしょうか。

●どっちが野蛮人だ

アメリカへは一年ほど単身で行き、メイソンさんというおばあさんのお宅で下宿していました。娘は元ミス・ニューヨーク、息子はウエストポイント陸軍士官学校を卒業してＣＩＡに勤めていました。メイソンさん自身はルーズベルト大統領の選挙応援歌に当選したのが自慢で、大統領と一緒の写真を見せてくれましたし、彫刻も何かで優秀賞をもらったりしてました。ご主人はホテルニューヨーカーの支配人でしたが、数年前に亡くなっており未亡人でした。なかなかの文化人です。ときどき、ニューヨーク市の水道局の偉い人と食事するというので私を誘ってくれたり、私が彼女にイタリアンをご馳走したり、いいお付き合いをさせてもらっていました。あるとき、彼女が「あなたの宗教は何だ？」と聞いてきたことがあったんです。私はとくに教会に行くわけでもありませんから、「My god is my wife」と答えました。そうしたらメイソンさんは大喜びして、「ぜひ奥さんを連れて来い」と言うんです。ウィットだと思っていたようですが、私としては本気でした。そんなことを言う人はアメリカ人でもいなかったのかもしれません。

また、たまに週末には朝ごはんを作ってくれて、テラスで優雅に食事するなんてこともありました。しかし、平日はそんな優雅な時間を過ごすことはできません。私は生卵を買って冷蔵庫に入れておき、毎朝、殻を半分ほど割って醤油をたらしてクイッと飲むんです。あとは牛乳を一杯。それで朝食は終わりです。

それをメイソンさんが見ていて、仰天していました。「お前は本当にBarbarian（野蛮人）だ」と言うんです。

大体アメリカ人は生卵を食べることをしません。サルモネラ菌があるから、必ず火を通します。でも、日本ではサルモネラ菌などついていませんから、生のままで食べることもアリなんだと説明しても、一向に納得しない。「Barbarian」だの「Uncivilized Person」だのとブツブツ言っていました。私から言わせれば、サルモネラ菌のある卵が普通に出回っているアメリカのほうがよほど野蛮な国です。

また、当時ニューヨークに大雪が降って、出歩けなくなるときがあったんです。食事にも行けません。部屋を見ると、バナナとウイスキーしかない。私は面倒臭がりだから、そのまま食べられるものしか部屋に置いていないんです。友人は日本からラーメンを送らせたりして自分で調理していましたが、私は一切そうしたことをやらない。メイソンばあさんに「食べるものがない」というのも癪に障るから、一日バナナとウイスキーで生活していたこともありました。

そんな具合に、下宿生活を結構楽しく過ごしていました。ワイフと子どもたちが来たときにも世話になりました。メイソンさんが亡くなってから、もう三十年くらい経つでしょうか。お墓参りをしたときに木を植えてきましたから、だいぶ大きくなっていると思います。

●神も仏もいないのか

ニューヨークに駐在して五、六年目くらいの頃でしょうか。私は穀物相場で四百万〜五百万ドルくらいの損失を出してしまいました。その年は干ばつが続いていたため、大豆の価格が高騰すると確信してどんどん買い込んでいたんです。ところが、雨が降って一転、大豊作になるという予想が出て、相場は一気に暴落しました。当時は一ドルが三百八円でしたから、日本円に換算すると十四、五億円にのぼります。これは、当時の会社の税引き後の利益に匹敵するものでした。

相場の世界は、一生懸命やっているからといって結果がよくなるとは限りません。学校なら、一生懸命勉強すれば成績は付いてくるものです。ところが相場の世界は、どんなに努力しても大損することがあります。このときの私が、まさにそうでした。

これまで一生懸命に勉強して経験を積み、自信もついてきた頃だっただけに、挫折感もより一層大きなものでした。「これだけやってきたのに、なぜ……」という思いが募ります。加えて、人の非情さ、自分の弱さをイヤというほど味わいました。温かく声を掛けてくれる人もいれば、急によそよそしくなる人もいる。針のむしろ状態が続き、会社をクビになることも考えました。辞表を出そうと悩みもしました。

この世には、神も仏もいないのか。そんな思いを抱えていたんです。

そんなとき、「一切隠しごとはするな。すべて会社に報告しろ」「お前がクビになるならその前に俺がクビになる」と涙が出るようなことを明るく言ってくれたのが、東京の食料部門の上司だった筒井さんでした。すでに亡くなってしまったことは先に述べたとおりですが、彼が本社からの叱責《しっせき》の矢面に立ってくれていたんです。彼の信念は「上司にも部下にも取引先にも妻にもウソはつかない」というものでしたから、事の経緯はすべて会社に報告事項としてあがっていました。もちろん私自身も事の重大さは認識していましたが、意外に明るい気持ちでいられたのは、一切ウソをついていなかったからでしょう。筒井さんのアドバイスのお蔭です。少し脱線しますが、私がクリーン（清く）やオネスト（正直）にこだわるのは、祖父母・両親を含め家の内には、小中学校向け教科書も扱う本屋（正進堂）として、「つねに正直・信用」の濃い空気があったからのように思いますし、父親に嘘をついて強烈なゲンコをくらった記憶がいまだに残っています。そういう幼児原体験が筒井さんの一言で一気によみがえったのかも知れません。

その後は、必死になって情報を集めました。まだ含み損の段階でしたから、挽回するチャンスがあったんです。私設の天気予報屋とも契約し、客観的なデータを集めて分析を重ねました。そこで、その年は秋口に霜が降りるということがわかり、その霜に賭けた。実際に寒波がやってきて相場は急騰、含み損を解消し利益を出すことができたのです。

今から思うと、半年ほどの短い期間の出来事です。しかしこの体験は、私にとってきわめて大きな転機となりました。

私はもともと無神論者ですが、このときばかりは神の存在を感じないわけにはいきませんでした。なるほど誰かが自分の努力を見ている。そして努力を続けていれば、最後には必ず報われる。こう考えるようになったんです。

もちろん、客観的にデータ分析をしていたわけですから、含み損を取り戻せたのは当然の帰結だと思う人もいるかもしれません。しかし、人間の心は弱いものです。「神も仏もいないのか」と思うほどの苦労を味わったとき、さらに努力を重ねるのは並大抵のことではありません。

そんなとき、宗教を信じるかどうかは別として、誰かが必ず見ているんだと思って努力を続けたほうが、自分の心を納得させやすいのは事実でしょう。生きていく上で、そう考えたほうが説明のつくこともあります。

私の解釈を言えば、神とは自分以外のすべてです。すべての人が自分を見ている。そう信じて一生懸命やっていくことで、人間は強くなっていくものだと思います。

●メディアを信用するな

相場の失敗経験から、私はもう一つ教訓を得ました。それは、百聞は一見に如かず、現場を見なければ本当のところはわからないということです。要するに、メディアの言うことを信用するなというわけです。

犬が人を噛んでもニュースにはなりません。でも、人が犬を噛めばニュースになる。つまり、ほんの一部の特別なできごとであっても、珍しいからこそメディアは大々的に報道する。それを鵜呑みにしてはダメなんです。

私のときもまさにそうでした。干ばつが続いて、畑もひび割れているというのに、一度雨が降っただけで豊作なんていうことはあり得ない。おかしいと気付くべきだったんです。

あるとき、やはり干ばつで畑が砂地になり、そこに人間が腕を突っ込んでみせている写真がニューヨーク・タイムズの一面に載りました。これを見た人は皆、「大変な干ばつが起きている」

と思い込み、買いに走るわけです。いや、ちょっと待て。それは本当か？

それで実際にレンタカーを借りて見に行くことにしました。カンザス州です。現地に着いてみると、畑は青々としている。思ったとおりです。干からびて砂地と化している畑など、どこにもありません。

よくよく探してみると、オクラホマ州のパンハンドルという砂漠地帯に近い所に、それらしい畑を発見しました。ほんの数分、車を停めておくだけで砂がたまるような場所です。確かにペンペン草のようなものがちょっと生えているだけです。「おい、写真を撮ってくれ」と言って、ニューヨーク・タイムズの一面を飾った写真と同じものを記念に撮りました。

報道は嘘ではない。確かに、砂地と化した畑はありました。だけど、探さなきゃ見つからないほど珍しいケースで、これが普通だと思ったら大間違いなんです。あくまでも一部の出来事に過ぎず、だからこそメディアが取り上げる。現場を自分の目できちんと確認することです。自分で判断を下す人には、とくにこれが必要でしょう。

それからは干ばつや霜が降りたというニュースがあると、直接、現地に行って実際に見ることにしました。

加えて、私は年に一回、収穫期になると農村地帯を車で回っていました。だいたい毎年同じような畑を見て回るんです。まずはニューヨークのラガーディア空港からオハイオ州のコロンバスへ行く。それからレンタカーを借ります。

西に向かってインディアナポリス（インディアナ州）、ファーマーズシティやディケーター（イリノイ州）、それからセントルイス（ミズーリ州）へ。今度は北に向かいます。そうすると、デモインやシーダーラピッツ（アイオワ州）などに入る。アイオワを西に向かうとオマハ（ネブラスカ州）です。そこからさらに北上すると、サウスダコタ州です。大統領の顔のモニュメントで有名なマウント・ラシュモア国立公園を見ながら、今度は東に向かってミネアポリス（ミネソタ州）に入ります。

これでだいたい二千二百マイルぐらいでしょう。一日に四百マイルほど走って、約一週間の旅をするわけです。地図を見ながら、今日はどこの道を走ろうか、どこへ泊まろうかなどと考え、一人で運転して回っていました。

猛スピードで走りますから、何回も交通違反になるんです。ただ、違反切符をもらっても屁でもない。免許証を見せたところで、彼らがニューヨークまで追いかけてくるはずもない。

それで知らない農家のところへ行って、今年の生育状態などを聞いて回るんです。だいたいは親切に教えてくれます。当時は契約栽培などというものもありませんから、一般の農家へ行って、見渡す限り一面の大豆畑、「これ買った！」と言っても五千トンくらいですから、伊藤忠の全買付量からみたら二百分の一にもならないんです。

アメリカというとニューヨークやシカゴといった大都市をイメージする人は多いでしょう。だけど毎年、畑を見て回り、農家の人と話をしていると、いかに田舎かということがよくわかります。行けども、行けども畑が続く。ときどき思い出したように家が現われる程度です。レストランだって洗練されたところを探すほうが難しい。

アメリカに駐在している人たちの中では、私が一番いろいろなところを見て回っていたと思います。さすがに西海岸までは行っていませんが、南北の農村地帯は相当、走り回っていました。アメリカは、偉大なる田舎だ。それが私のアメリカ観です。

●浪花節だよ、アメリカも

農村地帯を回るといっても、気ままな旅ですから、夜はバーに行って一人で飲んだりするんです。しかし、田舎だと反日感情の根強く残っている地域もあります。アマリロ（テキサス州）のバーで飲んでいたときは、若い青年が私のところに来て、「お前は中国人か？　日本人か？」と聞いてきました。日本人だというと、「俺の親父は日本人に殺された」と敵意をむき出しにしてきました。

今なら驚きもしませんが、当時は私も血気盛んな頃です。非常に不愉快だったので、「俺の親父も戦争でアメリカ人に殺されたんだ」と言い返してやりました。むろん、事実ではありませんが。

結局、最後まで仲直りすることはできませんでした。アメリカの田舎というのは、きちんとした教育や正確な情報に触れる機会が極端に少ない。今の中国の一部では似たようなことがあり、言い伝えがそのまま学校の教育に反映されているようなケースもあります。こうした保守的な地域では、反日感情が脈々と受け継がれているんです。

ただ、アメリカといっても様々で、やはりしっかり教育を受けている人はそうした感情に踊らされることはありません。基本的には日本人と同じ、助けたり助けられたりということでお互いの信頼関係を築いていきます。言わば、浪花節が通じる。

たとえば、マーケットが開いた途端に価格が暴騰することがあります。こうしたときは電話がつながるかどうか、その一分の差が運命を決める。どうしても買わなくてはいけないのに、電話が間に合わなくて、あっという間にリミットアップ（ストップ高）です。えらいこっちゃ。大損害です。もう真っ青。とはいえ、また翌日も上がるかもしれませんから、すぐにグレインメジャー各社の友人に連絡して、「これは不可抗力だ。お前のところの電話がつながらなかった。だから損害をお前のところで半分かぶってくれ」と頼み込むんです。すると、彼らも長年の付き合いがありますから、時々は「しょうがない」と助けてくれる。

いずれにしても、彼らとはお互いに助け合って仕事ができたという印象を私は強く持っています。誠心誠意お付き合いをすれば、もしかしたら日本人以上に義理人情に篤いかもしれません。とくにミネアポリスにあるカーギル本社へは何度も往復していますから、飛行場から目をつぶってでも行けるくらいです。

話は前後しますが、アメリカ駐在から帰ってきたのが七七年。それから四年ほどして、私にとって大きな事件がありました。当時、グレインメジャーが保有するグレインエレベーター（穀物輸出施設）を日本の商社がこぞって買収していたんです。アメリカでビジネスをやる以上、日本でもそうした施設をもって経営していかなくてはいけないと、一種の流行みたいなものです。当然、我が社もこの動きに追随しようとした。それに私は反対したんです。

この頃、私は油脂部長代行になっていました。アメリカから戻ってきたときは最年少の油脂原料第一課長で、すぐに部長代行に就任しました。上司は「アメリカのことは丹羽に聞け」と思ってくれていたようで、この件で相談があったのです。

やらなきゃバカを見ると周りの誰もが思っている状況ですから、上司も私が反対だと聞いて驚いていました。財閥系商社はどこもグレインエレベーターを買っているのに、伊藤忠だけどうして買わないんだと聞くわけです。

理由は簡単です。必ず失敗するからです。

たとえば、ヨーロッパの企業がアメリカ市場に参入しても、必ずと言っていいほど過去もそうだったが、今もうまくいかない。過去のフォルクスワーゲン然り、今のダイムラー・クライスラー然り。グレインエレベーターも過去にイタリア人が買収していますが、ことごとく失敗しています。日本人がやっても同じことでしょう。

同時に、グレインエレベーターの買収は、ただ単に保管倉庫の確保という意味合いだけでなく、穀物の中間流通を担うことでもあります。これはアメリカで育った商売ですから、そう簡単に外国人に扱えるものではありません。日本で言えば、昔からの農家に突如アメリカ人がやってきて、作付けから収穫、運搬まで、アメリカ人がやって来て口出しするようなものです。うまくいくはずがありません。私はそれをつぶさに見ていますから、絶対に反対だと言ったんです。

そうしたら、当時の専務から怒りの電話がかかってきました。会社全体の大きな問題になっていたようで、なぜ反対するのかと聞くんです。「誰も経営できないからです」と答えたら、散々バカにされました。伊藤忠の食料部門はそんなに人材がいないのかと。「おりません」と答えました。どの商社にもいないはずなんです。

その予測は、見事に当たりました。こぞってグレインエレベーターを買収した各社は、十年もしないうちにうまくいかず、ほとんど撤退しました。

このとき、再び助けてくれたのがアメリカ駐在時代に付き合いのあったカーギル社の友人でした。私は彼に電話をして事情を説明し、グレインエレベーターを貸してくれと頼みました。つまり業務提携によって、アメリカ市場に進出するということです。これなら、わざわざ他の商社と同じように自らエレベーターを保有する必要はありません。こちらは必要な時だけリース料を支払い、経営はカーギル社が行うわけですから、リスクも少ない。

加えて、他の商社は一基だけですが、こちらは東海岸、西海岸、メキシコ湾にある四基のエレベーターを自由に使うことができます。こうしたビジネスモデルは、業界では初めてでした。

カーギル社の友人が来日したとき、一緒に熱海の温泉に行ったんです。話が終わってから初めて芸者を呼んで、愉快に騒いだ。徹底して楽しく過ごしました。二人で温泉に浸かって、帰りの新幹線の車内で契約書の内容を詰めました。世界ナンバーワンのグレインメジャーと全面的な業務提携です。じつに面白かった。アメリカ駐在の約九年間、浪花節で培ってきた人脈の賜物だと思っています。

●仕事で体は壊れない

アメリカからようやく帰国するという時期、じつはニューヨークの某企業に「こっちに残れ」と誘われていました。いわゆるヘッドハンティングです。給料は今の三倍、十年間は保証するという。ワイフも「ニューヨークに残ってもいい」と言っているし、正直なところ、少し迷いました。

しかし伊藤忠には育ててもらった恩義があります。ともかく一度、日本に帰ろうと決めたんです。それで帰ってみたら、やっぱり日本のほうがいい。お鮨はうまいし、銀座は楽しい。しかも、ニューヨークと違って安全です。ほっとしました。アメリカにいたときは気付きませんでしたが、どこかで緊張していたんだと思います。

帰国した当初は都内の社宅に入っていましたが、早々に郊外へ引っ越しました。今も住んでいる一軒家です。私の場合、社宅だと近所の奥さん連中との関わり合いがわずらわしい。それに、似たり寄ったりの間取りでしょう。酔っぱらって帰るとフロアを間違えてしまうんです。一度、階下のお宅を自分の家だと思って入り、用を足してトイレから出たら見たことのない奥さんと鉢合わせたなんてこともありました。

もう一つ、郊外の家を選んだのは、通勤途中に本を読むためです。終点の駅を選べば、朝は絶対に座れます。座ったら、できるだけ長く電車に乗っていたいんです。それだけ本を読むことができる。会社まで一時間弱、私鉄沿線の一番遠い駅で家を探しました。

実際に住んでみると、これはいいや、と思いました。私は酒を飲んでも眠らないで本を読む特技があるんです。往復の通勤時間も使って、一週間に三冊は読んでいました。

ただ、今は路線が延びて終着駅ではなくなってしまったんです。目算が狂った。ついでにドクターストップがかかって、通勤途中の読書を止められています。乱視が出てきて目に悪いとかで、最近はワイフが録音してくれたラジオの英語ニュースを聴きながら通勤しています。

いずれにしても、三十代のほとんどをアメリカで過ごしたことは、いろいろな意味で私の自信につながりました。

一つは、業界におけるポジションが確固としたものになっていったことです。もちろんかなり勉強し、あちこちの農村地帯をこの目で見てきていますから、そうした知識と経験は誰にも負けません。この頃、世界の穀物業界について日経新聞から原稿を頼まれることもありました。帰国してからは、一介の課長にすぎないにもかかわらず、講演に行ったり学者の集まる討論会に参加したりしていました。そのうち業界誌に「アメリカ農業小史」[*1]や「アメリカ農業風土記」[*2]などの執筆をするようになり、「伊藤忠に丹羽という男がいる」と周りから認めてもらえるようになっていったんです。

ほぼ同時期に、アメリカの知人の書いた『シルバー・ウォー』[*3]という書籍の翻訳も担当し、日経新聞から出しています。ニューヨークの銀相場の内幕を描いたものですが、特殊な業界で辞書に出ていない単語も多い。わからないところは、出張のときに著者に会って、直接話を聞いたりしていました。今になって振り返ってみると、結構真面目だったんだと自分でも思います。

それに、もう一つ自信につながったのは「仕事で体は壊れない」というのがわかったことです。ニューヨークにいたときは、それこそ土日も関係なく働いていました。普段は朝の五時とか六時にヨーロッパからの電話で叩き起こされ、夜は日本を相手に残業続きです。そんな生活をしていても、まず体は壊れません。

実際に体を壊すのは、酒とか麻雀などのアフター・ファイブのほうだと私は思っているんです。当時、私は付き合いで飲みに行くこともしょっちゅうでしたが、酒量はできるだけ自制していました。三鷹の独身寮時代とは大違い。そうしていれば、どれだけ働いても体はもつんです。

だから、仕事で体は壊れない。ニューヨーク時代、ひたすら働き続けた中で、私はこのことを確信しました。

＊1「アメリカ農業小史」…『商品先物市場』（投資日報社）七八年八月号〜七九年十一月号

＊2「アメリカ農業風土記」…『Feed Trade』（飼料輸出入協議会）八〇年四月号〜八四年八月号（アメリカ四十二州）

＊3 Paul Sarnoff『シルバー・ウォー』（原題『Silver Bulls』。日本経済新聞社）丹羽宇一郎訳

第三章
コミュニケーション環境を整える

●人の話は記憶に残らない

トップに立つ人間にとって、もっとも重要なことは何か。それは、部下との直接の対話です。私は、不良債権処理と経費削減、これを経営者になってからの大きな柱としてきましたが、それが一段落したら、とにかく若い社員も含めて、対話を繰り返していかなければいけないと思っていました。

リーダーとして周りを引っ張っていくためには、思いを共有しなければなりません。そのためには自分の夢やビジョンを語り、部下がどんなことを考えているのかを知っておく必要があります。コミュニケーションをとって、お互いに思いや感動を共有するからこそ、仕事の目標や責任が明確になり、やりがいにつながっていくのです。ただ指示を出してそれで終わり、というものではありません。

そもそも、こちらが一方的に指示を出したところで、最後まで正確に伝わるとは限りません。むしろ、まったく違った意味となって伝わることもある。一番驚いたのは、ある事業を幹部に「やっていいよ」と言ったのに、回りまわって、末端の海外駐在員には「やってはいかん」というふうに、正反対の意味になって伝わっていたケースが実際あったことです。

これは何も極論ではありません。人の耳と口が多くなればなるほど、脚色が加わって、指示が違った方向へ向いてしまいます。「白」と言っても、最終的には「黒」と伝わるんです。直接の対話がなければ、そうした誤った指示や考え方が浸透してしまう可能性があります。

それともう一つ、人は話を聞いているようで実はそれほど聞いていないんです。人の話など、そう全部覚えていられるはずもありません。だから、私はわかりやすい言葉で、何度も何度も同じことを繰り返します。

たとえば「クリーン、オネスト、ビューティフル」というのも、社長に就任して早々に決めた標語ですが、私自身も言うのはどうかなと思っていました。あまりに単純明快で「言わずもがな」のことだからです。しかしそれでも、「こうでなければならない」と思ったなら、トップが信念を持って言うべきだと思います。それで聞いているほうが「また同じことを言っている」と思ったらしめたもの。ようやく頭にインプットされるようになってきたということです。

バカバカしいからといって言うことをやめてしまえば、結局はトップにそれが返ってきます。伊藤忠の社員は約四千人、関連会社を含めると四万人を超えます。「クリーン、オネスト、ビューティフル」「嘘をつくな」とこれだけ口をすっぱくして言ったって、やはり限度があるでしょう。自分の与り知らぬところで不祥事があって、「じつは……」と部下が報告に来ることほど怖いものはありません。彼らの責任は、最終的にはトップがとらなくてはならないのです。その覚悟があればこそ、対話の重要性、バカバカしいことを言い続ける大切さがわかるのです。「スキップ・ワン・ジェネレーション」とか「経営は論理と気合」というのも同じことで、一言で何が言いたいかがわかる。それほどうまい出来だとは思いませんが、学生時代はずっと新聞部でしたから、そうしたキャッチフレーズを作るのは慣れているほうかもしれません。

●印象に残らなければ何も言わないのと同じ

こうしたキャッチフレーズは、印象に残るということが大事なんです。たとえば私が講演するときも、必ず事前に聞くのは、どんな人たちが集まっているのかということと、聴衆の年齢層です。話の内容はそのときどきによって変わりますが、聴衆の状況と年齢に合わせて印象に残る言葉を言うように意識しています。

講演ではありませんが、先日は子会社の社長が百四、五十名集まる伊藤忠グループ社長会があって、私が乾杯の挨拶をしたんです。こういうとき、普通は「皆さんの健康のために乾杯」などと音頭をとる。しかし私はそうは言わない。

「どうせみんな酒ばっかり飲んでいて元気なんだから、健康に乾杯してもしょうがない。だから、来年度決算の純利益一千億円達成のために乾杯！」

こう言うわけです。ありきたりな言葉を言っても、人の印象には残りません。煙のように消えていってしまう。それでは、何も言わないのと同じことです。

もちろん、一言で印象に残るキャッチフレーズというのは、ときに単なるポピュリズムと化してしまうこともあります。

小泉さんも大変立派な仕事をいくつも体を張ってやっておられるが、惜しむらくは感覚が鋭い方だからでしょう、思いつきのワンフレーズが多く、中身がなく誤解を招きやすくメディアの餌食《えじき》になってしまう。ほんの少し勉強され、一呼吸考えておっしゃればもっとすばらしい政治家になられる方だと思います。

経営というのはまず論理がある。したがって我々のキャッチフレーズは、まず論理に裏打ちされたものでないといけない。論理的に説明するとなると、今度は学者みたいに非常に難しい言葉になりますから、そこをわかりやすく表現することが大事になってくるわけです。

たとえば、伊藤忠では現在、「有利子負債」という言葉を使わないようにしています。なんだかかしこまった言葉で、多けりゃいいのかと思ってしまう。そうではなくて、要は「借金」なんです。そのほうが万人にわかる。

「債権放棄」にしても同様です。これはすなわち「借金棒引き」です。

借金棒引きというのは、武士政権の鎌倉時代、文永の徳政令（一二六七年）を出したのが最初です。御家人は土地を担保に借金をしていたんだけれど、彼らはその金を返せない。そこで幕府はその土地の持ち主に無償で返還させたわけです。こんなことは借金棒引きといったほうが、よほどわかりやすいでしょう。

債権放棄なんていうと何となく良いことをしてもらったような気分になりますが、本当は恥ずべきことです。小難しい言葉では、その自覚が持てない。だから借金棒引きなんだとはっきり言ったほうがいいわけです。

加えて、私が部下との対話を重視するのには、もう一つ狙いがあります。人間は、自分では本質をわかったつもりになっていても、実際はこれまでの知識や経験に頼って判断していることのほうが多い。

もし、象を知らない幼い子どもたちに、目を瞑《つむ》らせたまま象を触らせて「これが象ですよ」と教えたら、その子どもたちはそれぞれ自分たちが触った部分でのみ、象とはこういうものなんだと思い込んでしまうことでしょう。それが判断基準になってしまうのです。でも、それはあくまでも象の一部分に過ぎません。つまり、自分一人で物事を判断するのには限界があるということです。

部下と対話を続けていけば、こうした「わかったつもり」をその都度、是正していくことができます。そして、彼らが異なった視点から学ぶことも多いはずです。

●声なきは、会社に対する反逆だ

こうした考えから、私は二〇〇一年から全社員総会というものを実施してきました。休日を利用して、最初の頃は「リーテイル」や「IT」といったテーマごと、あるいはディビジョン・カンパニーごとに社員を集めて行ってきましたが、最近では会社の経営方針の共有やコミュニケーションを図る目的で、全社員が集まって対話集会を開いています。

ここでは、会社の現状や経営計画など、まずは私が今後の方針を説明して、あとは社員からの意見や質問を聞くという形をとりました。様々な意見が出てきます。人事考課に関することや、業務内容に関わる話、経営方針についての疑問など。経営陣は、それら一つひとつに答えていく。

なかには、ほとんどそうした発言がないケースもあります。この場合、私は言うんです。「あなた方、声なきは会社に対する反逆だ」と。社内で、上司のいないところでゴチャゴチャ言っているのが、会社にとっても本人にとっても一番よくない。

言いたいことがあるなら、直接、上司にはっきり言えばいい。それでももし評価が下げられたら、私のところに言ってくればいい。吊るし上げるぐらいの覚悟で言って来てほしいと思っています。

私は、正当な内部告発は守られるべきだと思っています。したがって、二〇〇二年からは第三者である弁護士に頼んで、その窓口を担当してもらっています。内部告発は会社への不平不満や愚痴とは違う。「これはおかしい」と思うことがあれば、きちんとそれを言える土壌を作りたい。まあ、そうは言ってもあんまり来ません。もしかしたらみんなバレると思っているのかもしれない。バレませんけどね。

また、事業部ごとに部会を開かせているんですが、私はそれにも飛び入り参加します。毎週どこかの部署で会議をやっていて、そのスケジュールはだいたい把握している。だから、誰にも連絡せずにひょいと覗く。そうすると時間なのに誰も集まっていないとか、全員が遅刻しているケース、あるいは部長が急遽出張で中止になったなんていうこともある。仕事の都合ならともかく、部長の怠慢が発覚することもあるわけです。すると、すぐに私に怒られる。

そうかと思えば、会話のやりとりをすべて英語で進めている部もある。聞くと、アメリカ人や中国人が出張で同席しているという。おお、すごいなあと感心することもあります。こうした現場を見て回りながら、社員一人ひとりと言葉を交わす。また、それこそ暗黙知で、「何かおかしい」「この部長は隠し事をしているのではないか」と感じることもあります。これらは社長室にこもっているだけでは見えてこないでしょう。

全社員総会も部会もそうですが、トップに立つ人間は、みんなの前に顔を出すことが大事だと私は思っています。社長の伝えたいことは文章なんかで読んだりする以上に、顔を付き合わせたほうが感じるものです。

その意味では、息継ぎ一つとっても大事です。社長が緊張しているとか、もしかしたら嘘をついているんじゃないかとか、そうしたものは社員から見ればすぐにわかる。文章ではうまいこと隠せても、顔を出すとなったら隠しきれない。だからトップが顔を見せるということは、何千人という社員の前に裸で出るのと一緒なんです。

堂々と「俺に付いて来い」と言ったたって、部下の作った原稿を棒読みしているだけというケースもあります。自分の言葉で語っているのかどうか。これも社員は敏感に感じ取ります。「こいつに付いて行って本当に大丈夫なんだろうか」と社員は冷静に評価している。自分が話し終わってからパチパチパチパチと拍手されたりするけど、本心で拍手しているのか、本当に思いを共有しているのかとなると、また別の話というわけです。そういう点から言うと、全社員総会も、社長に自信がないとできないことかもしれません。

●格好つけたって意味がない

私の場合、自信があるかどうかというより、飾ったところで見抜かれるのがオチだと思っているんです。格好つけたってしょうがない。たとえば私がいくらヘアスタイルを整えて化粧したって、そう見栄えがよくなるとは思えない。精神面でも同じです。どれだけ着飾って立派なつもりになっていたって、見る人が見たら、すぐにわかる。

着飾る気はないから、そのままの自分でダメならいつでも社長を辞めましょう。私が顔を出して皆さんが「こいつで大丈夫なのか」と不安になるようなら、経営者失格です。そのつもりでやってきました。

全社員総会のときも、言いたいことを一応はメモしておくんです。年を取ると忘れちゃうから。「これから大事なことを三つ話します」と言って、話しているうちに三つ目を忘れて思いつきで言ったりしたら、やっぱりまずいでしょう。ただ、もし忘れたとしても、正直に謝るつもりでいました。最後には、「思い出したら皆さんにEメールで送ります」と言おうと思っていたんです。

これまでのところ、そうした事態はありませんが、たまには失敗したほうが人間らしくていいかもしれない。上司がたまに失敗すると、部下はたいてい喜びますからね。「お前もやっぱり人の子か」と、そういう失敗を望んでいるところがある。

もちろん、私も事務局の原稿を見て話すときがあります。でもだいたい私の意見と合わないんです。そうすると、正直に言う。「事務局がこう言えと言っているんですが、私の意見と合わない。したがって、今日はまったく違う話をします」と、土壇場になって変えてしまう。事務局もバカバカしくて原稿を書かなくなります。ただ、一年ほど経つと、今まで話した内容から、私が何を言いたいかがわかってくる。するとそれを元にした原稿を作ってくるようになります。

でも、私は「去年と同じことをしゃべらせる気か」と、それを突き返すんです。「お前らももうちょっと勉強しろ」と言って突き返した以上、私も別のことを話さなくてはいけませんから、自ずと勉強する。その繰り返しです。お互いに勉強になっていい。

これ以外にも、仕事始めの一月四日には、毎年恒例で社長が新年の挨拶をします。その原稿を自分で考えるんだけども、あれやこれやと書き直しつつ、当日になって気が向いたら、少しくらい違ってもいいかと原稿に書いてないことを話し始める。

慣れというのもあると思いますが、やはり「格好つけてもしょうがない」というのが私の価値観としてあるんです。気張ってよく見せようとしたって、ろくなことにはなりません。

●意外？　社長を褒める匿名メール

もう一つ、社員との風通しをよくするために活用しているのがEメールです。私が全社員に向けて会社の方向性を発信するだけでなく、社員からのメールも直接受け付けています。もう数え切れないほどやりとりしているのではないでしょうか。匿名で送ってもいいというルールも決めました。自分や上司の名前を挙げるとなると、なかなか本音を言い出しにくく、躊躇する人も多いのではないかと考えてのことです。したがって、こちらは返事の出しようがありませんが、一方的に社長に言いたいことを言ってもいいことになっています。

匿名でも受け付けるということになれば、怪文書のようなメールとか、「バカヤロー」「良《い》い加減にしろ」と、名前がわからないのをいいことにギャーギャー文句を言ってくる社員が出てくるんじゃないかと期待していたんです。

ところが、最初に匿名できたメールは、意外にも私を褒めるメールでした。「私は社長の言うことに大賛成だ。日頃から同じことを思っている」といった具合です。最初の頃は、匿名のメールというと、みんなそうした内容なんです。きわめて前向きなものばかり。あれ、こいつら、ひょっとしたら匿名がバレると思っているんじゃないのか。だから褒めているのか。そう思っていたんですが、どうも違うようです。

それから、段々と上司についての相談などが増えてきました。内容によっては、幹部クラスだとか、あの事業部の社員だといったことが何となくわかるのですが、私はとくに追跡もしません。

こうした社員とのメールのやりとりは、現場からの提案を素早く経営に反映できるという利点があります。たとえば、伊藤忠では二〇〇二年一月から育児・介護支援策を見直していますが、このきっかけとなったのが、女性社員からの一通のメールでした。育児を理由に時短勤務ができるのは一歳まででしたが、それを三歳までに延長、その他にも制度そのものの使い勝手がよくなるように内容を変更しています。

当時、休暇制度について政府が検討していましたが、女性社員からのメールにより、伊藤忠はそれに先駆けて制度の見直しを図りました。メールが来なかったら、おそらく対応は半年か一年後になっていたでしょう。直接、社員とやりとりすることで時間的にも空間的にも、あるいは階層の壁も越えて、現場に即した対応をとることができるというわけです。

ただ、今までの中で一通だけ、これは何とかしてメールを送った本人がわからないものかと思ったことがありました。自分の上司を非常に誤解していて、「こんな上司の下ではもう働けない」とあるんです。完全に思い込みというか、被害妄想が入ってしまっている。これはちょっとまずい。上司がきちんとその人とコミュニケーションを取る必要があるのですが、誰なのかわからない。少し調べ、察しをつけて、その上司に「もう少し部下と話をしなさい」と注意を促す程度しかできませんでした。

このほか、匿名メールで多かった質問については、全社員向けに改めてこちらから説明のメールを配信しています。

当初は、もっと文句が来ると期待していたんですけどね、結構真面目です。我が社の社員は。

●エキサイティングな会社に

社長に就任した当初、私は基本方針として「エキサイティングな会社にしよう」という考えを持っていました。エキサイティングな会社とはどんな会社か。まずは「儲かっている会社」であることです。そして次に「儲かった分を分配してくれる会社」ということです。したがって、一九九九年から新しい人事制度を導入しました。

具体的には、年収のうち一定比率を固定給（月給）、残りを変動給（ボーナス）にして、成果と実績に応じて支払うという形です。責任の重い仕事をしている人ほど変動給の比率を高くして、儲かれば変動給は二倍になるし、損すればゼロということもありえます。ただし一〇〇パーセント変動給だと、大損したときどうなるんだということになりますから、半分は固定給にして、生活を保証するという考え方です。

たとえば、これまで年収一千万円だった人は、半分の五百万円が固定給とします。どんなに成績が悪くても、これは保証します。しかし残りの半分は成績がよければ一千万円になるかもしれないし、ヘタすればゼロということもあるわけです。

固定給については、基本的に職務・職責に応じて決めています。たとえば部長になったら、今までの給料より五万円アップといった具合です。それだけの責任があるからです。固定給が上がれば、その分だけ変動給のベースも上がる。三十代でも四十代でも、年齢は関係ありません。その代わり、部長職から外れるとその分だけ固定給が下がる。ということは変動給のベースも下がるわけです。

これだけややこしい尺度をつくって、さらにディビジョンごと、あるいは部署単位できめ細かく評価基準を設けています。伊藤忠というグループ全体で見ればそれほど儲かっていなかったとしても、優れた業績を上げているディビジョンはあります。部署や各ディビジョンの業績がそのまま自分の給料に跳ね返ってくる仕組みですから、働く人にとってはそれがインセンティブになるし、ひいてはエキサイティングな会社になるというわけです。

最近では、成果主義は悪だとか日本にはなじまないといった風潮が生まれていますが、それは違う。年功主義と成果主義の間で、振り子が大きく揺れているだけの話です。成果主義が悪だというのなら、年功主義に戻るのか。すると、また不満が出てくるでしょう。「あいつは年齢が上だというだけで、自分より多く給料をもらっている」と思う人は必ず出てくるんです。だからどちらが善か悪かということではなく、成果主義ならそれをどの程度導入するのかが議論の対象にならなければなりません。

運動会の「赤勝て」「白勝て」という紅白合戦ではないんです。私に言わせると中間のピンクです。それが赤に近いピンクなのか、白に近いピンクなのか。これは企業の文化や歴史といったものを勘案していけばいい。また伊藤忠という企業の中でも、繊維や機械、食料といったディビジョンごとに適した評価制度があります。あるいは、営業部のなかでも成果主義を導入しやすい部署もあれば、そうでない部署もある。それは各々が最良の制度を選択していけばいいんです。

人事制度というのはそれほどきめ細かく尺度を決めなければいけません。また、上司が部下に対して、時間をかけて納得してもらうことも必要でしょう。根付くまでに時間がかかるのも事実です。

ただ、それだけやっても最終的に「エブリバディ・イズ・ハッピー」などということはあり得ません。百人いれば百人が満足する給与体系はない。多い人もいれば少ない人もいます。少ない人からは当然、不満が出てくるでしょう。

我が社の場合、それなら制度を変えようかという話になると、それはそれでまた別のところから文句が出てくるんです。急にルールが変わってしまっては困るというわけです。それなら個別に意見を聞きましょうということで、人事制度の変更希望を受け付けると、誰も文句を言ってこない。なぜか。来年こそ、自分の給料は上がるとみんなが固く信じているからです。

もちろん、黙っていても給料が上がるわけではありません。成果を上げれば給料がついてくる。それがインセンティブになっているなら、私は成果主義の導入はいいことだと思います。

●見える報酬、見えざる報酬

ところが、じつをいうと新しい人事制度を導入したらあまりにも給料に差がつきすぎてしまって、大きな問題になったんです。固定給である一定程度の保証はしているし、変動給でそれほど差がつくことはないだろうと踏んでいたんですが、ふたを開けてみると違った。制度上、わずかな利益でも評価しなきゃいけない部署もあるし、いろんな状況を加味していたら大損する人も出てきました。そうなると能力にほとんど差はないのに、同期でも一千万円近く差がついてしまったんです。

もっとも、私としては固定給の五百万円があれば、変動給はたとえゼロでも生活に困ることはないと思っていました。

ところが最近の若い人というのは違うんです。たとえば一千万円の年収があると、それだけの生活設計をしてしまう。変動給が少しでも減ったら、もう生活していけないというんです。よくよく聞いてみると、都心の高級マンションにＢＭＷ。私がカローラに乗っているのに、三十代でＢＭＷ？　それはお前、いくら何でもおかしいだろう。一体奥さんはどんな生活しているんだ。金で着飾っているのか？

いや、でも子どもを学習塾へ通わせなければいけませんと社員は言う。そんなもの、塾に通わせなくたって死にはしません。

そういう人は、たいてい「会社を辞めて二千万円の給料をくれるところへ行く」と言います。確かに今は二千万円くれるかもしれませんが、業績が悪くなったらあっという間にクビです。どっちみちまた転職だ。よほど運のいいやつの話ばかりを聞いている。「お前、謙虚に慎ましやかに生きるのが人生というものだ」と言っても、ピンと来ない。そうした歪みが、現実問題として出てきたんです。

「動物の血」というわけではありませんが、隣の人より少しでも多く欲しいと願うのが人間です。遠く離れた人より給料がたとえ百万円、五百万円多くても嬉しくない。隣にいる人より十万円多いのが嬉しい。きわめて小さな世界で生活している生き物です。

しかし本当は、知らない幸せ、知る不幸。横にいる人のことを何でも知ればいいというものではありません。知らないほうがお互いに幸せでいられることもある。能力に差はないのに、儲かっている部署にいるかどうかで数百万円の開きが出る。ルールだから、これはもうしょうがない。その代わり一定レベルを固定給で保証しているのですから、納得してもらう以外にないのです。繰り返しになりますが、万人が満足する人事制度などというものはありません。

ただ、私は最近よく言うんです。仕事をしていく上では、「見える報酬」と「見えざる報酬」というものがある。見える報酬とは給料です。では、見えざる報酬とは何か。それは、自分の成長です。

人は、仕事によって磨かれる。仕事で悩み、苦しむからこそ人間的に立派になるんです。だから、「こんなつらい仕事をやらされて」とゴチャゴチャ不満を言う前に、それを与えられたことを喜ぶべきなんです。もちろん、嫌な仕事を引き受けたからといって、それと自分の成長はイコールとは限りません。しかし、周りが嫌がる仕事を引き受けて、それを前向きにとらえるところにグレードアップの可能性があるんです。

別に、私は高い給料を支払いたくないから言っているのではありません。お金はお金で、仕事の対価として支払われるべきです。しかし、給料だけでは量れないものがある。それが、「見えざる報酬」なんです。

第四章 人を育てる

●知の衰退

今後、二十一世紀の国際社会の中で日本の企業はどうあるべきか。これを考えたとき、資源の獲得や利益の創出といった単純な金の話では終わりません。競争社会の中で生き残り、そして勝ち抜いていくには、日本が長期にわたって奪われないもの、あるいは失われないものを持つことが必要です。それは何か。私は、「人と技術」だと考えています。

人材と技術力を持たない限り、二十一世紀の日本も、そして企業も、長期的な繁栄は難しい。資源は金さえ払えば確保することはできます。しかし、人や技術はそうはいきません。表面的には模倣できるかもしれませんが、その本質を他の国が奪おうと思っても簡単にできることではない。だからこそ、この部分が勝負の要になってくるのです。

とりわけ「人」が重要です。しかし、残念なことに世の中は「知の衰退」の時代になってきたと私は感じます。要するに我々の世代に比べて、物事を体系的に考える力や想像力が枯渇してきているのです。

想像力がなければ、仕事においても何か新しいモノを作り出す知恵が生まれてきません。インターネットは断片的な知識を得るには適しているかもしれませんが、ただそれだけのこと。マウスをちょこちょこ動かして、鳥のついばみみたいなものです。少しも論理的な要素はありません。もっともらしい知識をいくら詰め込んだって、それを活用する想像力がなければ、たいした役には立たないのです。

米国や日本のトップもきわめて論理的な思考が不得意な印象を受けます。単語をポツポツと並べるんだけれども、体系的にモノを考えているのかと言えば、甚だ疑問が残る。そういう人間が増えてきました。これは、日本の社会にとっても企業にとっても、由々しき問題でしょう。なぜ「知の衰退」が起きたか。様々な要因があると思いますが、その大きな要因の一つは、本を読まなくなったことです。今は世の中のあらゆるものがディスクローズされていて、本を読みながらいろいろ想像し考えるという習慣が極端に減ってきました。文章の行間を想像したり推測したりといった感性がないわけです。

とはいっても、最近の小説は想像力の余地がないようなものが多く見受けられます。その点、たとえばトルストイなどは、読んでいるとその風景やロシアの農民の生活が頭の中で無限に広がっていきます。こうした経験がじつに不足してきているんです。

小説一つとってもそうですが、社会経済の本を読まなくなってきたことも大きな要因でしょう。ショーペンハウエルの言う「考えながら読む」という習慣がなく、知識だけはインターネットで仕入れる。だから、知識はそれなりにあっても、それをクリエイトする力が一向に発達しないのです。

●「武士道」に学べ――青山フォーラム

これは何とかしなくてはいけない。どうすればいいか。私は『武士道』（新渡戸稲造）を考えるようになりました。武士政権が誕生してから約八百年経っているわけですが、彼らを教育するための「武士道」というのは、現代にも通ずるものがあります。昔の封建社会では、武士としてどういう振る舞いをすべきか、すなわち社会生活を送る上での行動規範を口伝によって代々教え込んできたわけです。

今の日本の教育にも同じことが言えます。家庭や学校では、まず初めにここのところを教えなければいけません。儒教の五常「仁・義・礼・智・信」です。相手を慮る心や正しい行いをすること、朝起きたら「おはようございます」という挨拶を交わすこと。こうした諸々の行動規範は、昔は家庭や学校において小さい頃から躾けられてきたのです。

しかし、今はそれが全く抜けています。親ができていないから、その子どもも躾けられないまま育つ。加えて、それらを教える前に、英語だの掛け算の九九だのと知識を詰め込む。それが教育だと思ったら大間違いなんです。

私が『武士道』の中でおもしろいと思ったのは、武士の家では子どもが五歳になると碁盤の上に立たせ、武士装束とともに本物の刀を持たせるというしきたりがあることです。この刀、振り回したら自分や周りの人を切り殺してしまう。しかし五歳の子どもに本物を持たせることで、武士としての自覚が芽生え、責任を持つようになる。そこに、武士道の教育の原点があるんです。

伊藤忠でも、こうした自覚と責任のある社員を育てる必要があるという考えから、私は「青山フォーラム」という塾を開くことにしました。二〇〇四年の九月から始めているんですが、年間で伊藤忠とそのグループの社員三百名に参加してもらう予定です。

一回につき参加者は二十五～三十名。この一クラスでだいたい三、四回のフォーラムを開きます。三百名が全員終わるまでに合計で約三十回ほど開催する計算になります。

これをともかく一年間はやろうと思っている。テーマは「仕事と人生」です。人生とは何か。どう生きるか。その中で、仕事とはどのような位置づけにあるのか。こうしたことを、経済界の一流の方々にお願いして講演してもらうわけです。

第一回目は、ＪＦＥスチールの數土文夫社長にご登場願いました。まことに申し訳ないのですが、講演料はほとんど払いません。金額の多寡ではなく、人材育成という点に意義を見出して、若い人のためにお話をしてくださいとお願いしたんです。また、社内で開いていますから、弁当も何も出ません。ファミリーマートのお茶と軽食を出すくらいです。

長い目で見たとき、伊藤忠がこれから企業として繁栄するかどうかは、まさに「人」の部分にかかっています。『武士道』にあるように自覚と責任を持った人材を育てれば、どんな企業が向かってきても勝てるのです。

また、新しいビジネスモデルなどはすぐに真似されるケースが多い。しかし、きわめて付加価値の高いものだったり、ブラックボックス化された技術だったりすれば、そう簡単に追いつけません。これらは、人材と密接に結びついています。同じことをやろうとしても、人が育っていない限り模倣の域は出ないし、追いつくことも出来ないわけです。

人を育てるのは十年単位の仕事です。「青山フォーラム」はまだ緒についたばかりですが、滑り出しの評判は上々。私の思いは成功しているなと思っています。

●一流と接してわかること

この「青山フォーラム」は、もともとは私の開いていた経営塾を方向転換したものです。塾では一年間、経営者の卵を育てようとやってきたんですが、終盤になって「ちょっと違うな」と感じるようになってきました。

というのも、経営者としての考え方や経営管理といったものは、どうしても技術的な話にならざるを得ないからです。たとえば、伊藤忠における過去の失敗例やそこから学んだ教訓などについて話しても、「こういうときはこのやり方が適している」などといった方法論と化して、大学の講義みたいになってしまう。これでは、すぐに忘れてしまうでしょう。歴史の年表のように、知識の詰め込みに過ぎないのではないかと思うようになったわけです。

もっと大事なのは、先にも述べたように日常の社会生活における規範、ルールというものを教えることです。したがってこの塾を、人生について論じる場にしようと考えました。どう生きるかの方法論ではなく、ベースとなる価値観を培うという意味です。

自分の価値観がしっかりしていれば、自律自制の精神も自ずと働いてきます。厳しい局面に遭遇しても、軸がブレないから適切な判断を下せます。逆に、軸がブレてしまえば、責任ある仕事も「やーめた」と投げ出してしまいかねない。これでは困ります。したがって、自分というものをきちんと持って仕事をしていくための一つの契機になればと考えました。

社会生活における行動規範というものは、きわめて常識的なものばかりです。しかし、常識というものは、相当勉強しないとそれを維持していくことはできません。自分が常識だと思っていても、はたから見たら非常識極まりないこともある。

そして規範ということで言えば、常識と同様に「良識」についても勉強しなくてはなりません。とくに最近の若い経営者を見ていると、この部分が欠如しているんじゃないかと非常に不安を感じます

経営塾あらため「青山フォーラム」では、ここのところを重点的に学べるようにしたいと考えています。一流と言われる人たちが、どういうつもりで仕事をしてきたのか、成功の要因は何か。あるいは、自分が逆境に陥ったとき何を拠りどころにして克服してきたのか。この生き

方についての根幹の話を聞けるようにしたわけです。

このフォーラムでは、三十代～四十代の社員が中心になっています。五十五を過ぎたら、今さら価値観が変わるわけでもないし、自分の考え、生き方を全うしなさいと言いました。

ところが、参加希望の社員も非常に多かった。私のところにも「俺は上司にお願いしたのに選に漏れた」と、メールでクレームが来たりしました。だから二期目のフォーラムも開催するつもりでいるんですが、とりあえずはフォーラムの骨子をイントラネットで社員全員が見られるようにしました。

そして講演では、私があれこれ突っ込んだ質問をします。外部から講師を呼ぶほかは、伊藤忠の副社長や事業会社の社長に話してもらうんですが、「今の話、どうも調子が良すぎる」と私は言うわけです。

人生というものは、自分で振り返るとゴミもホコリも見えないきれいな写真のようなものだけが残りがちです。しかし本当は、写真に写っていない薄汚い部分がたくさんあったはずなんです。生きていくとはそういうことだ。このゴミやホコリの話をしないと、本当ではありません。

何かに悩んだとか、誰かを恨んだということも当然あるでしょう。仕事をしていれば、「この会社、辞めてやろう」とか「あの上司め、月夜の晩ばかりじゃないぞ」と思うことがあったはずです。この部分を話してほしい。

これが実に面白い。参加者に第一回目の感想文を書かせたら、お世辞も半分あるんだろうけど、みんなすごく喜んでいました。若い人はなかなかそうやって突っ込んで聞けませんから、なおのことでしょう。

私は、一流の人と接することは非常に大事だと思っています。人間は一流に接しないといけない。一流の人に会う、一流のモノを見る、触れる。買えるなら買えばいい。経営も同じです。一流の経営者に接する。その人が書いた文章を読んで感銘は受けなくても、その人がもつ実体験を生身で話してもらうと、じつに感じるところがあるんです。ついでにゴミやホコリについても話してくれるなら、言うことありません。

そうしたら、一流といわれる人間の考え方や価値観がわかります。話を聞く中で、「なんだ、一流といってもこの程度か」と思えるなら大成功です。あるいは「一流はやっぱりすごい」と感じ取れるなら、これも非常に勉強になっている証拠です。一流に接することで学ぶ。それが「青山フォーラム」なんです。

最終回になったら、参加者全員集めて、私のまとめの講演で締めくくろうと思っているんです。人生の小さな卒業（COMMENCEMENT）証書でも渡してあげたいとさえ思っています。

●海外研修のススメ

もう一つ、私が社長時代に始めたこととして、新入社員の海外研修があります。今、伊藤忠では入社して四年以内に男女を問わず全員を海外に出しています。アメリカがほとんどですが、短い人で四ヵ月、最長で二年。人によって異なりますが、二年の場合はMBAを取得させます。いずれの場合も、現地でホームステイしながら大学で語学を学び、現地企業でインターンシップをさせる。日本人がいない田舎が多いようにしますから、英語をしゃべらざるを得ない環境に置くわけです。

一つには、英語に慣れさせるという狙いがあります。数ヵ月ほど現地で生活したって英語はたいして上達しませんが、下手でも恥ずかしがらずにしゃべっていれば何とか通じるものです。臆せずに話せるようになればいい。これは慣れるしかありません。

それから、日本人以外の人と触れ合って、彼らがどんなモノの考え方をしているか、どれほど一生懸命勉強しているのかを知ることも大事でしょう。私がずっと名古屋にいて世間を知らなかったのと同じように、日本にいて世界を全く知らないと、「世界の田舎者」になってしまいます。私が海外に行けというのは、何も大仰なことを望んでいるのではありません。「外の風にあたってこい」という程度の考えです。

さらに、外の風にあたることで刺激を受け、勉強に励んでもらいたいという思いがあります。これからの若い人たちには、狭い日本の中だけではなく、世界のビジネスマンを相手に競争してもらわなくてはなりません。たとえ四ヵ月でも、頭の柔らかいうちに海外生活を経験すれば、何らかの自信や刺激剤になるでしょう。気後れすることもなくなります。

実際、私もアメリカから帰ってきたとき、世界を相手にすることに何の気負いもありませんでした。世界のグレインメジャーがどうのこうのと言ったって、「それがどうした」「たいした話じゃない」と肝が据わるようになるのです。

ただ、内輪の話を言えば、海外研修は私の勇み足でスタートしたようなものでした。新年の挨拶をするとき、原稿にそんなこと何も書いていないのに「新入社員は全員海外へ出す」と言ってしまったんです。周りは本当に驚いていました。「やるにしても、一年で全員は無理です」というから、四年以内という期限を設けたんです。

しかし世の中、まず言ってしまうというのも一つの手です。社長に就任したとき「六年で辞める」と言ったのも、じつはそうなんです。言ってしまえば、誰が何と言ったってやらざるを得ないでしょう。海外留学も、「言っちゃったんだから、お前、やれ」と指示できるし、かえって良かったと思っています。

とはいえ、何も思いつきで言ったわけではありません。少し前に経営会議で検討したことがあったんです。入社してすぐの半年間、海外研修に出した場合のコストを計算させました。数億円かかるということでしたが、伊藤忠全体の売上を考えたらたいした金額ではありません。

でも周りの役員の多くは反対でした。「海外研修から帰ってきた途端に辞める」というのがその理由。新入社員の歩留まりが悪くなるというわけです。しかし、辞めたいやつはどこかで辞める。入社したばかりだと学生生活の延長になりかねないという意見もありました。これは一理ある。そんなやりとりがあって、この話は沙汰やみになっていたんです。

そうした伏線があったから、奇想天外な発想というよりは、牛の反芻みたいにずっと考えていたことだったんです。ただ、それを新年の挨拶でしゃべっているときに思い出して、誰にも諮らずに発表したというのは唐突だったかもしれません。まあ、どっちにしても大まかなコストも把握した上ですから、たいした問題にはならない。

言ったからにはやらなきゃいけないのですが、それでも文句を言ってくる人がいるんです。入社して三、四年目ともなると、今度は「仕事に習熟してきて、業務に支障をきたす」というわけです。これでは、永遠に海外へ出せません。

だから、私は役員に「交通事故に遭ったと思え」と言ったのです。通勤途中で事故に遭い、残念ながら半年間入院することになった。ケガをした社員を会社に引きずり出すわけにもいきません。これなら「まあ、しょうがない」と諦めがつくでしょう。業務に支障をきたそうが何だろうが、入院は入院です。だから、我が社の若手社員は、「一度は必ず交通事故に遭う」わけです。

ただ、MBAを取得させる二年間というのは、交通事故ではちょっと無理がある。入院にしてはさすがに長い。したがって、この場合は意識的に社員を選んで、「一年後には海外に出せ」といった具合に、計画的に行かせるようにしています。

社長時代、私の手元には「人材ファイル」というぶ厚い冊子がありました。ディビジョンごとに名前と成績が載っているものです。これを見ながら、そろそろMBAを取得させようとか、事業会社に出そうなどと、人事の采配を行っていました。言わば、エリートを養成するための選抜基準の一つだったわけです。

年齢によっても異なりますが、成績は基本的に課長、部長、本部長くらいの三段階くらいで評価を行い、点数化していきます。毎年、点が違ってきますから、しょっちゅう順番が入れ替わるんです。敗者復活戦も頻繁に行われます。

私はフェアであることをつねに意識してきました。たとえば、ある社員の成績がガクンと落ちた場合は、上司にその理由をきちんと説明させ、偏見が入ったものでないかどうかを必ずチェックするといった具合です。誰から見ても正当で納得できる理由でなければ、せっかくの人材をみすみす見逃すことになる。これだけは避けなければなりません。

また、エリートの養成ということで言えば、判断基準は成績だけでなく、評価の理由を各ディビジョンのプレジデントに聞いて、総合的に見ていきます。たとえば、成績はいいんだけれども家族の介護があって長期間の海外研修は難しいとか、性格的にちょっと歪んでいるとか、数字だけでは見えない部分というものがあります。それらをヒアリングして、最終的には私や各ディビジョンのプレジデントが直接会って決めるわけです。

もちろん、この場合は一人だけと会うわけにはいきません。社長と一対一で会うと、「俺はエリートだ」と思い込む人も出てきます。これはよくない。したがって、「枯れ木も山の賑わい」ということで複数の若手社員を呼びます。すると、枯れ木のほうが良さそうなケースも出てきたりします。こうした具合に、エリートを養成するための手立てをあらゆる側面から考えているわけです。

私は「エリートなき国は滅びる」と思っています。

戦後、日本は徹底した平等化教育を行ってきました。エリートを認めない。つまり競争原理を導入せず、傑出した優秀な人間を作らないことに主眼を置いてきました。優秀な人間の能力をより伸ばそうとするのではなく、そうでない人間の能力に合わせて教育を平準化させてきたわけです。

そもそも、資本主義社会、特に西欧社会では、選ばれた人間こそがエリートなんだという選良意識がありました。ナチスドイツのファシズムもそうですが、民族の優劣とエリートという文言が密接につながっていったんです。すなわちゲルマン民族こそが優秀であり、だからこそエリートたり得るという考え方です。「ジェノサイド」――ジェノス（ギリシア語の民族）とサイド（ラテン語の殺し）――民族皆殺しという人類史上最悪の悲劇的な方向へ進みました。以来エリートという言葉を避ける空気がただよったと思います。

これはブルジョア民主主義への幻滅の一つだと私は考えていますが、この時代、エリートとはまさに特権階級を指していたわけです。特権階級というと、金持ちだとか出自がいいとか、明治から昭和初期にかけては旧制高校、教養主義、海外留学生などいろいろあります。日本も武家が支配階級であった封建時代が長かったので、その影響を色濃く受けていましたが、戦後になって、その価値観が一変しました。戦前の軍人と一緒で、エリートは社会の諸悪の根源のように思われるようになったんです。これは、ブランコが大きく揺れすぎて、極端な思考がもう一方の極端に移行したに過ぎません。エリートは悪だということで、弾圧の対象になった。そして徹底的な平等主義が生まれたわけです。

しかし歴史をひもといてみれば、エリートなき国は滅びるんです。何も特権階級が必要だと言っているのではありません。選良意識が絶対というつもりもない。

この場合、エリートという定義をまずはっきりさせる必要があるでしょう。本来の意味でいうエリートとは、巷間で言われるような金持ちだとか特権階級を指すのではありません。むしろ、特権階級だと思った時点でその人はエリートではなくなります。

エリートには、その地位に見合った責任と義務が生じます。これを「ノーブレス・オブリージュ」といいます。他人のために尽くす。悪いときは矢面に立ち、良いときには後ろに下がる。謙虚さと謙譲と献身の精神を持たなければなりません。これは一般の人から見ると大変に苦痛なことです。それを苦痛と思わず、美徳として自然に行える人間、これがエリートです。したがって、民族の優劣とか金持ちかどうかがエリートの基準ではない。この意味から言うと、本当のエリートは人間性という観点から見て「選ばれた人」ということになります。

真の意味でのエリートがいなければ、誰が人々を引っ張っていくのか。誰が責任を負うのか。横並びの平等主義では、誰もが隣を見て動く。これでは国が滅びるのも自明のことでしょう。

そこで、エリートを養成しろと私は言っているんですが、そもそもエリートの根本の所は育てられるものではないんです。自分で這い上がってくるものなんです。ただ、エリートはもう決まっているんだと言うと、そうでない人間はヤル気をなくす。誰も努力しなくなります。だから、育てろとあえて言っているんです。

本当のエリートは、自ら這い上がり、周りから自ずとそう評価される人のことです。上司から「お前はエリートだ」と言われるのは、根本からして違う。ＭＢＡを持っているからエリートかというと、そうではないんです。これはただ使い勝手がいいとか、人よりちょっと知識があるだけのこと。少なくとも我々にできるのは、エリートが這い上がってくるための土壌づくりではないかと思っています。

●十年後、役員の半数を外国人と女性に

海外研修のときと同様、誰にも諮らずに私が公言したのは、「十年後、役員の半分は女性とノン・ジャパニーズにする」ということです。現在、我が社では「人材多様化推進計画」を策定して、女性総合職の比率を倍増させようと試みています。また、性別だけでなく、年齢や国籍を問わず人材を育成していくことも目的としています。

もともと、我が社は自由闊達《かったつ》とか野武士集団などと言われ、財閥系商社と一線を画していました。一九六〇年代の終わりごろから日本経済の伸長と共に大きくなっていきましたから、比較的若い組織なんです。だから業界の会合に行っても、同じ部長という肩書なのにこちらのほうが一回りぐらい若い。私なども年が若いというだけで課長に間違えられた。どこへ行ってもそんな具合です。

最近はだいぶ年の差も縮まってきたみたいですが、それでも二十代・三十代の事業会社の社長は財閥系商社と比較して多いほうです。これは伊藤忠の特長でしょう。だから女性の部長とか役員を率先して輩出していきたいと考えているんです。

とはいえ、女性のほうはリスクを抱えています。結婚、出産、育児。それに周りでいろいろ言う人もいるから、きわめて仕事がやりにくい。

この間、ある大学の先生で子どもを産んだ方がいるんですが、「もう二人目は産みたくない」と言っていました。なぜかというと、結局、託児所に入れても引き取りに行く時間が間に合わない。自分の両親がいれば助けてもくれるけど、いないときは会議を中断しなければならない。ご主人はジャーナリストとかでこれもまた不規則な仕事です。決まった時間に子どもを迎えに行くことができません。しかも彼女は学者だから、育児の合間をぬって勉強もしなくてはいけない。これはもう、とてもじゃないけどやっていけないというわけです。こうした事態を、企業としてはどうバックアップしていくのかが問題です。

先日、ある大企業の社長とお会いしたんですが、このとき女性社員の育成について話が出ました。今は社内に託児所を作るという意見が多いようです。それもいいかもしれませんが、ひょっとしたら違うんじゃないかと私は言いました。というのも、会社に託児所を作ったら、女性社員は満員電車に子どもを乗せていかなければなりません。これはやはり問題があるでしょう。すると自宅の最寄り駅周辺の託児所が一番いいわけですが、これも前出の大学の先生の言うように時間に限りがある。となると、託児所が終わってから母親が帰宅するまでの間、ベビーシッターをお願いするという選択肢がもっとも現実的です。

もちろん、ベビーシッターの手配は本人の努力でやってもらうしかありませんが、この費用を会社で負担するというのが一番いいのではないかと私は考えているんです。会社で託児所を作ったとしても、九時十時まで面倒を見てくれるわけではありません。ただ、働く環境としては様々ですから社内の託児所が必要になってくるケースももちろんありますから、一概には言えません。

会社としてできるだけのバックアップをと考えたとき、コストを負担するというのはきわめて有効だと思います。人事部が「大変だ、大変だ」とわめいていても、「何が大変なんだ」と思います。よく考えてみろ。我が社の女性社員のうち、年間で一体何人が子どもを産むのか。たいした数じゃありません。その限られた社員の託児所代やベビーシッターの費用を支払うことが、会社にとってそんなに負担になるのか？　なりはしません。女性社員個人が給与から支払うとなると結構な負担になりますが、企業のコストとしてみれば、微々たるものです。

最近では、少子化対策のために出産したらお金を支払うということをやっているようですが、それよりも仕事を続けていくための負担を軽減するほうが重要ではないかと私は思っているんです。結婚して変な男の面倒は見たくないけど、子どもは欲しいと考えている女性は多い。それをバックアップする仕組みが企業に必要なのです。

また、お母さんが子どもと肌を合わせてお乳を飲ませる、そうしたスキンシップも非常に大事なことですから、勤務時間をフレックスにするとか、育児休暇をフレキシブルに活用できるとか、あるいは家庭で仕事ができるといった数多くのオプションも考えていかなければいけません。方法はいろいろとあると思います。それにしても育児にせよ、介護、少子高齢化対策にせよ、肝心要の女性の意見をもっと大切に聞くべきではないでしょうか。出産も育児もしない男性が集まって、しかも高齢のエライ人たちが集まって対策を考えるというのはどこか漫画的です。もっと世間の常識を持ってやるべきですね。

伊藤忠では、こうした取組みを他の企業に先駆けてやろうと思っているんです。今じゃ学校の成績は男性より女性のほうがいいくらいですから、会社に入ったとたん女性というだけで、男性の下で使われるなんていうほうがおかしい。

そして、企業として変わっていかなければいけないのと同時に、女性の意識も変わっていかなければなりません。最初はやりにくいと思うこともあるかもしれない。そこを後世の女性のために道を作っていくんだという気概を持って欲しい。時代の流れからいけば、女性の役員誕生は必然と言ってもいいくらいです。

●ネズミとゾウ

私が最近の経営者を見ていてダメだと思うのは、週刊誌とスポーツ新聞しか読んでいない人が増えてきていることです。難しそうな単行本は読まない。これでは、論理的な思考はどんどん衰退していきます。もっと問題なのは、想像力がなくなるということです。

そうすると、新しい仕事をやっていくときの仕組みづくりやビジョン、戦略的な思考ができなくなってきます。その分だけ、部長や課長の判断を拾い上げることに終始してしまう。しかし、これもまずい。やっぱり部課長の判断と経営者の判断とは、そのポジションにおける責任や視野の広さからいって違うものであるはずです。

部課長の判断を拾い続けていたら、会社にとってはネズミを追いつづけることにしかなりません。大きな仕事はできないし、大きな成果も望めない。ネズミが将来、ゾウになることはほとんどありません。だから、部課長の判断ばかりを拾い上げていると、ネズミばかりが集まることになる。

私は前から部下に向かって「お前たちのやっていることはネズミだらけだ」と言っているんです。「あんまりひどいじゃないですか」と言われるのですが、ネズミはネズミ。「せめて豚くらいにしろ」と言っている。部下も怒って、数年経っても覚えているんです。それで私が社長のときに、こう言ってきた。

「社長はネズミ、ネズミとバカにしますけどね、最近では少し大きくなりました」

しかし、大きいといったって、相変わらずネズミの大きなやつだ。すると今度は、「毎回、ネズミで申し訳ありませんが」と言って、仕事の相談に来るようになってしまった。報告のときは、「最近ではネズミを少し整理しました」と言ってくる。「もう忘れろ」と言っているんですが、まだ根に持っているんです。

伊藤忠という会社は、一定の範囲はありますが、他の企業に比べて若手社員に仕事をどんどん任せる文化があります。ニューヨークに駐在していたときの私も、自分の判断で仕事を作っていくことができました。もちろん青天井というわけではありませんが、自分の守備範囲がきわめて広い。日本に帰ってきてからも、前述したように他の商社では課長の年齢なのに、部長の肩書で会合などに出席している。手前味噌のようですが、私は社内でも最年少で課長、部長、本部長、そして同期の中でも最初に役員になりました。これは私が人と比べて格段に優秀だったというより、若い会社で上に立つ人間があまりいないから肩書が引き上げられていったという側面があります。必要に迫られてというのもあるし、同時に自由闊達《かったつ》な雰囲気で組織に縛られない伊藤忠のよさが、こうしたところに現われていたわけです。

だからこそ、若い人にはその権限を使ってどんどん仕事をしてほしい。そして、自分の権限ではなくても、上司に意見具申することでその範囲を広げていけばいいと私は思います。そこが仕事のおもしろいところです。

私の課長時代は、部長の権限くらいの仕事をしていました。自分の権限が及ばない案件については、理論と現場経験をもって部長を説得してしまうからです。すると、課長の立場にありながら、実質的には部長レベルの仕事までできるわけです。そうした広がりを持てるのは、自分が仕事を任されて一定の決定権を持っているからでしょう。

じつは私が課長のときに、ある仕事でかなりの利益を上げたことがありました。それでご支援いただいた大切な問屋さんなどのお客様に一律いくら、販売奨励金としてお返ししようと思い、独断で小切手をお届けしたんです。管理部門には怒られました。「そんな制度はない」の一点張りです。「それなら、制度を作ればいいじゃないか」と私は言いました。

大きく儲けたうちのほんの気持ちです。だいたい大企業には、会社のお金をどこか人ごとのように感じ、お金の値打ちがわかっていない人が多い。その点、中小企業のお客様方のほうが、ずっとお金の値打ちをしっかり身につけていらっしゃる。まして、お客様あっての利益です。それをお客様のバックアップとして使うのは当然ではないか。こうして説得したわけです。結局、伊藤忠始まって以来の販売奨励金の制度を認めてもらうことができました。今はもうこの制度はありませんが、当時は問屋さんから喜ばれたのは言うまでもありませんし、いまだに話題となり良いお付き合いをいただいております。ありがたいことです。

言われたことを言われたとおりにやっていれば、確かに苦労はないかもしれない。だけど、せっかく権限委譲されているんだから、現場での経験や判断基準をもっと上に具申していけばいい。現場経験の蓄積は企業にとって重要であるし、その人にとっても強みとなるのです。

仕事の範囲を自ら決めてしまえば、結局はネズミを追いまわすだけで終わってしまいます。ゾウを捕まえるためにはどうすればいいか。これは現場経験と想像力を持つことに尽きます。それを理論的に提案できれば、上司は必ず動くはずです。

●涙が出るほどの感動を味わえ

今でこそ、伊藤忠は安定した組織になってきました。これは一方ではいいことです。しかし人間、会社が大きくなると官僚的になる。安定した組織を維持するという点では、官僚的というのは大事なことですが、その一方で弊害もじつに多い。賢い人間が多くなるんです。だからリスクを取らなくなる。新しいビジネスモデルを作っていく気概のある人が減ってきているように思います。

リスクを取らない人間ばかりが増えてきたら、商社は一体どこで儲けるというのか。

「そこのお前、入社してから一体どこでいくら稼いだ？　入社してから新しい仕事を一つも作っていないじゃないか。先輩の敷いたレールの上をひたすら毎日走り回るだけで、自分で稼いだような顔をするな」

私はしょっちゅう、こう言って怒っているんです。

こう書くと、私が本当に頻繁に怒っているみたいに思われるかもしれませんが、実際にそうだから仕方がない。とはいえ、あんまり怒ってばかりいるから、今度は社員が萎縮するようになってしまいました。だから今は、どこか褒めるところを探しているんです。

しかし、アイデアが社長のほうから出てくるというのもおかしな話です。要するに情報に触れる機会が減っているんでしょう。だからアイデアも湧き出てこない。

たとえば、アメリカでこんな商品が発売されたとか、台湾でベストセラーになっているものがあるといった情報を仕入れられれば、これを日本に持ってくるという発想にもつながると思いますが、それがない。加えて行動力もないから、特許を誰が取っているのかも調べようとしないし、製造元へ一回行って話を聞いてくるという考えにも行き着かない。

私は今でも覚えているんですが、アメリカに駐在していたとき、ホワイトキャッスルというハンバーガー屋があったんです。小さな箱に入っていて、当時は十五セントか二十五セントくらい。蒸気を出すだけでハンバーガーが膨らんで、温かいまま食べられるというものです。とても流行っていて、私はいつも一日に五つくらい食べていました。

この店は、ボストンやニューヨークなどノースイーストで展開していました。マクドナルドが日本に進出する前の話ですが、それを日本に展開できないかと思って、オーナーに話をしに行ったことがあるんです。しかし、彼には拡大意欲がなかった。日本に進出するくらいなら、アメリカの他の地域で展開すると言うんです。しかも今のところノースイーストから出るつもりもないし、日本で展開するつもりもさらさらない、と。「これはダメだ」と思って引き下がりましたが、その後もオーナーに掛け合いに行くというようなことをしていました。

結局、これは実現しませんでしたが、少なくともこうした行動力がなければ、新しいビジネスを仕掛けることなどできないでしょう。そのぐらいの意欲が欲しい。だけど、今の若い人たちはそれを冷めた目でジーッと見ている人が多い。もうそれだけで腹が立つ。

私はよく経営会議で言うんです。「君たち、本当にオシッコ漏らすぐらいの緊張感を感ずる仕事をしろ」と。どっちに転んでもたいしたことないような仕事をしたって、感激も感動もありません。想像を膨らませて、大きな仕掛けを考える。このビジネスが成功するか、契約が成立するか、オシッコ漏らすぐらいの緊張を伴う仕事をすれば、そこには涙が出るほどの感動や感激があるはずです。

私自身を振り返ってみても、ファミリーマート株式の買収時には一方で約二千億円の不良資産を処理する過程にあり、もしこれが成功裏に終わらなければ伊藤忠の屋台骨を揺るがしかねない案件でした。ちなみに千三百五十億円という大規模な投資の記録はいまだ破られていません。また、三千九百五十億円の特損処理では身を削る思いもしました。減損会計の早期適用に関しても、一歩間違えれば伊藤忠の信用を失ってしまうかもしれない。そんな中での決断だったのです。しかし、こうした大きな仕掛け、緊張の伴う決断をしたからこそ、大きな感動や感激が味わえる。

これは伊藤忠の社員に限らず、多くの若い人に言えることだと思います。

中には、感動や感激ならスポーツ観戦にもあるという人がいるかもしれません。しかし、本当のファンは別として、ワールドカップやオリンピックなどで一時的に熱狂するにわかファンの感激はすぐ消え去るものです。もっと次元の違う各々の人の心にいつまでも残る感動や感激が仕事にはあります。

緊張を伴う仕事であればあるほど、そこから得られるものも大きいはずです。人間として一回りも二回りも成長していくことができる。

「人は仕事で磨かれる」という真意は、ここにあるのです。

あとがき

ごく普通の人間がたくさんの人の生活に影響を与えるような立場にたってしまった。どうしてこういう人生になってきたのか……丁度六十六年の軌跡を想い出しながら綴ってみました。お読みくださった皆さんに「よし、精一杯生きよう」と思って頂けたなら、これほど嬉しい事はありません。どうしてもゴミやホコリが目に付かなく、また想い出せないものが多くなってしまい、美しい写真のように良い話ばかりになりがちではなかったかと気になっております。

子供も大人も、人は誰でも、その範囲や人の数は異なるにせよ、「周りの方に認められ、喜ばれ、役に立ちたい」と思って生きているのです。それを私たちはお互いに分かり合って、日々の生活を過ごしていきたいものです。特別豊かでもなく、食うや食わずという程でもないが、名も無く普通に一所懸命、誠実に努力している人々が何がしか将来への支えや希望を持ち、人間としての生きる喜びを感じられるような日本にしたいし、そのために自分の小さな人生を捧げたいと念願し、努力していきたいと思っています。

一時、この本を出版することに躊躇しました。それは人のためにも社会のためにもならず、自分のためだけにするようなことはやるべきではないという、今の私の信念に反してはいないかと思ったからでした。しかし本文でも述べました「青山フォーラム」の人気から考えると、伊藤忠グループの社員だけでなく、働く人々が「仕事と人生」に何かの指針を求めておられるように日々感じるようになりました。その気持ちが後押しとなり、全国のサラリーマンや働く人々に少しでもお役に立つお話が出来ればと思い、筆をとる事と致しました。私の勝手な思い込みではない事を願っています。いつまでたっても「自分勝手な人間」だとお叱りを受けないように、日々の生活も今まで以上に自省自戒、謙虚に慎ましく過ごすようにしたいと思います。

「Innovation remains an enigma」という私の気に入りの言葉がありますが、私は技術革命や革新以上に「Life remains an enigma」――人生は不可思議で「謎」めいたものだとの思いが年とともに強まっています。

この世に生を享けて以来、赤子と母と二人だけの世界から家族、親族、幼稚園、小学校、中学校、高校、大学、結婚（子供）、社会人と世界が広がってきます。その間大部分の時代を目前の勉強、仕事をただ一所懸命行い、母に、父に、先生に、恋人に、上司に喜んでもらい、褒められることに自分も喜びを感じ、生きがいを求めていたように思います。自分の周囲の人々を悲しませ、周囲の人々から疎まれることだけはしたくないと思い生きてきたのではないでしょうか。一部の方々は将来首相や大臣になろうとか、社長になろうとか目標を定め努力されるかもしれませんが、役職とか役位は狙って得るものではなく、他人の評価や後押しでそうした立場にたつものではないかと思います。自分の描く筋書きどおりの人生はありえないのでしょう。

やはり人生は「謎」めいております。神ならぬ動物の血を持つ人間だからこその欲望が年毎に頭をもたげて我々の生活を揺さぶるのです。こうした原始的本能があるからこそ、心の感動・感激もあるのですが、厄介な事に時々「魔」が差す事があり、大魔、小魔を問わず「謎」も悪魔と化すものです。人々に喜んでもらい、役に立ちたいとの思いは歯車が逆回転してしまいます。自分の心が傷つき汚れたとの思いは人生の「謎」を本物の「魔」にしてしまいかねません。「魔」が差す時は誰にでも訪れます。その悪魔を追い払うのはほんの一瞬の心の動きです。「謎」の正体は「心」です。「心」を誠実で、正直で、卑しくない美しいものにするのは、動物の血を引く我々には簡単なことではありません。しかし〈クリーン、オネスト、ビューティフル〉の意識を持ち続け、日常の生活を送ることにより、「一瞬の心の謎」を悪魔から解き放すことが出来るように思います。人生の日日《にちにち》のこうした生活態度、小さな日日の生活の積み重ねこそが、人生の「謎」を最良のものに導いてくれると、六十六年生きてきた今、ようやく確信できるようになりました。

我々の今の生活が、たとえ小さな行いでも誰も見ていない時でも、誰にも恥じない生活態度が、ひょっとすると人生の全てを決するのではないかとさえ思えます。人は死の直前まで、親から授かったDNAの花が少しでも多く開花するように努力し、慎ましく謙虚に生きる事です。後は神の御心に委ねることに致しましょう。

私の先行き短い人生にも「謎」は潜んでいることでしょう。経営のトップとして生活し、権力の甘い蜜を味わった人間がこれを断ち切り、人にお世話されることに慣れた人間が、それから離れる寂しさをどう断ち切るか。心に潜む「謎」が「魔」とならないようにしなくてはなりません。自分では権力やお金に恋々としない性格と思っているとはいえ、動物の血は残っている。「魔」は既に「心」にとりついている。やはり人生は「謎」につつまれているようです。

さて、最後になってしまったが、私の人生の大部分を支え、好きなように仕事に没頭させてくれた最愛の妻名保子と名津美、真美子の二人の娘達に、ふだんあまり口にしたこともない「ありがとう」の一言を心を込めて書いておきたいと思う。また、この本を出版するにあたり、文藝春秋スタッフの松井清人、照井康夫、笹幸恵の各氏にはとりわけお世話になりましたし、御愛想の言えないぶっきらぼうの私の手助けをして頂いた伊藤忠商事の秘書部、広報部の皆さん方にも、御礼を申し上げたいと思います。

二〇〇五年一月二十九日　　　　丹羽　宇一郎

丹羽宇一郎（にわ・ういちろう）
1939年、名古屋市生まれ。58年、名古屋大学法学部に入学、60年安保時には自治会委員長を務めた学生運動の闘士。62年、卒業して伊藤忠商事に入社、油脂部に配属され、以降一貫して食料畑を歩む。68年から9年間アメリカ駐在。97年に経営企画担当役員、98年に代表取締役社長に就任、99年に約4000億円の不良資産を一括処理しながらも、翌2000年度決算では同社史上最高益を計上し、世間を瞠目させる。「社長任期6年」の公約どおり、2004年に会長に退いて現在に至る。その経営手腕のみならず、人格の清廉さ、決断力においても、いま最も注目されている経営者である。共著に『まずは社長がやめなさい』、訳書に『シルバー・ウォー』がある。

人《ひと》は仕事《しごと》で磨《みが》かれる

二〇〇五年二月二十五日　第一刷
二〇〇六年九月十日　第九刷

著者　丹羽宇一郎《にわういちろう》
発行者　松井清人
発行所　株式会社文藝春秋
東京都千代田区紀尾井町三-二三
郵便番号　一〇二-八〇〇八
電話　〇三（三二六五）一二一一

印刷所　凸版印刷
製本所　中島製本

定価はカバーに表示してあります。
＊万一、落丁乱丁の場合は送料当社負担でお取替え致します。小社製作部宛お送りください。

Printed in Japan
ISBN 4-16-366760-1